NOV 2 4 2014

Descodificación
biológica
y destino familiar

PATRICK OBISSIER

Descodificación biológica y destino familiar

DETECTAR Y SANAR LOS CONFLICTOS NO RESUELTOS

Prefacio de CHRISTIAN FLÈCHE

EDICIONES OBELISCO

Si este libro le ha interesado y desea que le mantengamos informado de nuestras publicaciones, escríbanos indicándonos qué temas son de su interés (Astrología, Autoayuda, Ciencias Ocultas, Artes Marciales, Naturismo, Espiritualidad, Tradición…) y gustosamente le complaceremos.

Puede consultar nuestro catálogo en www.edicionesobelisco.com

Los editores no han comprobado la eficacia ni el resultado de las recetas, productos, fórmulas técnicas, ejercicios o similares contenidos en este libro. Instan a los lectores a consultar al médico o especialista de la salud ante cualquier duda que surja. No asumen, por lo tanto, responsabilidad alguna en cuanto a su utilización ni realizan asesoramiento al respecto.

Colección Salud y Vida Natural
DESCODIFICACIÓN BIOLÓGICA Y DESTINO FAMILIAR
Patrick Obissier

1.ª edición: febrero de 2014

Título original: *Décodage biologique et destin familial*

Traducción: *Pilar Guerrero Jiménez*
Maquetación: *Montse Martín*
Corrección: *M.ª Jesús Rodríguez*
Diseño de cubierta: *Enrique Iborra*

© 2003, Le Souffle d'Or
(Reservados todos los derechos)
© 2014, Ediciones Obelisco, S. L.
(Reservados los derechos para la presente edición)

Edita: Ediciones Obelisco S. L.
Pere IV, 78 (Edif. Pedro IV) 3.ª planta 5.ª puerta
08005 Barcelona - España
Tel. 93 309 85 25 - Fax 93 309 85 23
E-mail: info@edicionesobelisco.com

Paracas, 59 C1275AFA Buenos Aires - Argentina
Tel. (541-14) 305 06 33 - Fax: (541-14) 304 78 20

ISBN: 978-84-15968-34-4
Depósito Legal: B-1.067-2014

Printed in Spain

Impreso en España en los talleres gráficos de Romanyà/Valls S. A.
Verdaguer, 1 - 08786 Capellades (Barcelona)

Prefacio

Patrick es un artista y un científico, es un poeterapeuta que ha abierto los dos ojos «mitades cerebrales» y se los abre a quien así lo quiere. Personaje remarcable de la descodificación biológica, presente desde los inicios de este movimiento, le aporta potencia y suavidad. La *potencia* del revolucionario frente a los fósiles del mundo médico, a menudo escalofriantes. «Éstos no son remedios nuevos que necesita la gente, sino nuevas aptitudes para la conciencia». «En unos cuantos años, antes de que se le ocurra consultar, la gente tendrá una visión sana de los que son sus síntomas».

La *suavidad* del narrador que encuentra la metáfora adecuada, la que permite al lector, al paciente, continuar evolucionando en su camino consciente. «En las cabañas de nuestra infancia, buscamos nuestro pasado, ávidos de futuro». «La visión que las personas tienen sobre sí mismas sufre, a menudo, de astigmatismo recurrente».

Patrick nos ofrece el fruto de sus relaciones sociales (MM. Hamer, Fréchet, Julien…). «Frente a un problema preciso, hay un solo órgano que puede aportar la solución» y descubrimientos producto de su reflexión y de su intuición siempre activas y alegres. Este fruto, como el albaricoquero de colores llameantes a principios del verano, *antorcha sabrosa*, nos nutrirá de mil y una formas. Es posible que un fruto germine en ti, como germinó en mí, para ofrecerlo a quien un día será árbol, un árbol bonito y generoso que ofrecerá buena salud. El libro que ahora tienes entre las manos es una obra capaz de hablarte sobre ti mismo. Sin conocerte personalmente ¡te conoce! ¿Por qué mágica razón? Porque este libro trata de los principios universales, trasculturales que sostienen toda organización de lo vivo.

Vas a poder leer, comprender, integrar y emplear en ti mismo y en los demás: la llegada de la enfermedad (infecciones, cáncer...), la memoria familiar, la prevención y el tratamiento. Todo ello presentado desde lo global hacia el detalle, desde la teoría hasta la práctica mediante numerosos ejemplos. No se ha olvidado nada. Una nueva visión, una presentación personal de la descodificación biológica de las enfermedades y leyes eternas de lo vivo, argumentadas por sus más recientes investigaciones, hacen del libro de Patrick una obra completa, a medio camino entre el estudio y el diario íntimo. Te deseo una feliz lectura dejándote en manos de mi buen amigo Patrick o, mejor aún ¡en compañía de ti mismo! Porque se trata aquí de tus resortes inconscientes, de descubrirlos... reconocerlos... reapropiarte de ellos para reconciliarte con lo que solemos combatir desesperadamente: el dolor, los síntomas, la enfermedad, una faceta nuestra que intenta decirnos ¡calla! Ni una palabra más, dejemos que hable Patrick...

CHRISTIAN FLÈCHE[1]

---

1. Autor de *El cuerpo como herramienta de curación*, 2009 *(Ediciones Obelisco)*.

Un mundo casi perfecto

Intentar elogiar las enfermedades y el destino

Elogiar las enfermedades y el propio destino puede parecer una tarea inconcebible. ¿Cómo vamos a glorificar la enfermedad dolorosa, que hace sufrir, que incapacita? ¿Por qué íbamos a glorificar un destino que lleva a la gente por caminos que jamás hubieran querido empezar? El elogio de una cosa no puede hacerse sino con una demostración de su utilidad. Lo cierto es que la enfermedad y el destino son útiles y sobre ello me voy a centrar en este libro.

En lo referente a la enfermedad, hace unos diez años yo mismo habría tenido dificultades para encontrarle un sentido. En nuestra cultura, la enfermedad se percibe como el resultado de una aberración orgánica, de un extravío inexplicable y, por lo tanto, no es apreciada ni bienvenida. Su existencia prueba que Dios no existe, para los ateos. A nadie le gusta la enfermedad, es más, todo el mundo la detesta y yo era uno de ellos. En el siglo pasado, químicos, médicos y biólogos fueron empujados al campo de batalla para combatirla. Durante ese tiempo, videntes, historiadores, astrólogos, futurólogos y magos de todas clases se autorizaban para hablar del destino.

Cuando algunas enfermedades se convertían en raras, aparecían otras nuevas. La práctica desaparición de algunas de ellas, debido a la evolución de los hábitos, de las creencias y de la higiene de vida (vacunas, revisiones…) dio paso a nuevas plagas. En nuestro imaginario colectivo, la enfermedad es una entidad, un monstruo malvado que ataca aleatoriamente, sin razón aparente. Los científicos combatieron la enfermedad virilmente, de forma agresiva, sin pensar que pudiera ser domesticada. Durante un siglo de fascinación ante las nuevas posibilidades de la tecnología, los investigadores, de manera esencialmente masculina, aguijoneados por la necesidad de encontrar soluciones expeditivas y tangibles, no tuvieron en cuenta la mente humana, como si todo lo que el ser humano siente y cree no tuviera la menor importancia en la visión científica de la enfermedad, como si esos factores pertenecieran a otro universo «femenino». Sin embargo, las dos partes del ser, la femenina y la masculina, forman el universo futuro en cada instante.

Plaga entre las plagas, el cáncer es, aún hoy, para la medicina y para la mayoría de la gente, un proceso anárquico sin sentido que responde a causas diversas y siempre misteriosas. En un clima paranoico de desconfianza en sus propias células, la gente monta todo tipo de eventos públicos, al amparo de alguna liga (liga contra el cáncer, liga contra el sida, etc.), para recaudar fondos que permitan luchar contra virus oncógenos, supuestas células anárquicas e imperialistas o genes culpables.

Pero el ser humano tiene hambre de realidad y muchos son los combatientes que dudan de la utilidad de sus agresivas armas. Algunos investigadores hambrientos de realidad tuvieron la audacia, en Alemania (Groddeck, Adler, Schweninger, Hamer, etc.), en Francia (Stern, Fréchet, Moirot, Schutzenberger, etc.), en Estados Unidos (Simonton, etc.), de contemplar la enfermedad desde otro prisma, buscando lo que la desencadenaba en lo que no es material, en la memoria de la angustia, acercándose tanto a la mente como a la genética. Lo que descubrieron y las curaciones obtenidas revolucionaron el arte terapéutico y la civilización entera.

Entre el descubrimiento de los microbios y los años ochenta, no hubo nada verdaderamente revolucionario en la cultura médica. Los microbios eran considerados responsables de las enfermedades y el campo de acción de los investigadores en la génesis de las enfermedades era, de este modo, muy reducido. Creyendo que la investigación científica iría inventando pociones mágicas contra la enfermedad, el hombre «pasteurizado» (hombre cuya curiosidad natural se ha visto eliminada por la convicción de que los microbios son el enemigo número 1) dejó de preguntarse ¿para qué sirve la enfermedad?

Si fuera algo inútil, no existiría, porque todo lo que es inútil acaba desapareciendo; es una ley natural indiscutible. La enfermedad es útil. Pero no porque lleve a la gente a la muerte y contribuya a limitar la sobrepoblación. ¡No! Se trata de otra cosa, de algo que la gente no había percibido nunca hasta la fecha. Las relaciones que los seres humanos han mantenido con la enfermedad, en el último milenio, han sido realmente desastrosas. Es normal porque la enfermedad es un proceso arcaico que la gente analiza con sus cerebros modernos, naturalmente orientados hacia el futuro y la materia tangible, un cerebro capaz de cegar, de alejarse de la realidad y del pasado. Este antagonismo natural entre arcaísmo y modernidad tenía que llevar al conflicto. ¡Qué difícil es comprender un cerebro antiguo cuando se dispone de un cerebro moderno! Inventándose la «evolución», se inventó también lo que llamamos enfermedad y curación. No sabíamos que las dolencias y la programación de nuestras vidas (nuestro destino) tienen un sentido, una intención positiva para la supervivencia de nuestro linaje.

No se desarrollan las mismas enfermedades en un rincón u otro del planeta, en un siglo o en otro. La corrupción, la colonización, las dictaduras fanáticas, la explosión demográfica, destruyen la delicada relación entre el hombre y la naturaleza, corroyendo las tradiciones y los ritos que permitían a la gente mantener una buena salud general. En Francia se vanaglorian de vivir más años que hace un par de siglos, lo cual es cierto, pero siempre con muletas medicamentosas. La vida resulta infeliz cuando las necesidades esenciales (de seguridad, de contacto, de espacio, de amor, la pulsión sexual, etc.) no se ven satisfechas y cuando las reglas sociales alejan excesivamente a los humanos del resto de las especies vivas. Porque los otros reinos, el animal y el vegetal, suavizan la suerte de los hombres; la fruta y la verdura, por ejemplo, atenúan el desamparo emocional.

La salud es una noción relativa. Para la OMS, «la salud es un estado de bienestar completo, psíquico, físico y social, y no consiste solamente en una ausencia de enfermedad». Preocupado por todo lo relacionado con la tecnología, el ser humano le da la espalda a la espiritualidad de la naturaleza, pierde el sentido de su propia existencia, ya no saborea la magia inmanente. Muchos son los seres que encuentran dificultades para respirar una bocanada de aire puro en su vida diaria, con sus perfumes naturales y el canto de los pájaros en un mundo donde las especies llamadas inferiores, los árboles, los peces, etc. sólo sirven para logos de multinacionales ectópicas que tienen la billetera donde debería haber un corazón. El hombre aún está «a medio cocer». Podrás medir, a lo largo de este libro, hasta qué punto el arte de vivir en sociedad está en el centro de la cuestión de las «enfermedades y el destino».

Antes de presentar en qué son útiles las enfermedades, por qué es preferible domarlas antes que combatirlas, sería bueno explicar aquí que la muerte prematura, luego de una enfermedad, no es culpa de la enfermedad en sí misma, sino de la incomprensión del fenómeno por parte del enfermo, de su entorno y de sus cuidadores. Aquí no vamos a hablar de nuevos remedios anhelados por el ser humano, sino de una nueva costumbre: la de tomar conciencia. El hombre está hecho de manera que, si comprende los fenómenos y traumas que le acontecen, puede reaccionar y tomar el control, aceptándolos. En el momento que encuentra sentido a lo que sea que le haya causado un trauma, mejora. Bosqueja todas las hipótesis que se le ocurren sobre su enfermedad. Puede que piense que espíritus malignos se han apoderado de él, puede que piense que su enfermedad es un castigo (el fumador es castigado por fumar, por ejemplo) cuando consigue relacionar un acontecimiento con episodios anteriores. En una época u otra, culpaba a los miasmas, a los microbios o al entorno insano. Pero otorgarle un sentido a la enfermedad no es lo mismo que buscar SU propio sentido, su sentido auténtico, el que la legitima biológicamente. La enfermedad no es insensata, tiene sentido, es el lenguaje de lo que está oculto, puede desaparecer si se comprende su sentido y su lenguaje. No hay razón para combatir violentamente los síntomas (que, por otra parte, sólo son la parte visible del iceberg) para recuperar la salud.

A mí, ahora, las enfermedades me parecen más manifestaciones de solidez, de vitalidad del organismo. Además, su capacidad para desaparecer es innata, programada genéticamente, dependiente de una simple estimulación. Un hueso fracturado y soldado, como está recalcificado, es más sólido que antes de la fractura. La piel de las manos de un trabajador espesa y se endurece a fuerza de sufrir agresiones. ¿Por qué un nódulo tiroideo, que aumenta los niveles de hormonas tiroideas en el organismo, iba a crecer sin razón alguna? ¿No podría ser que el individuo necesitara niveles anormalmente elevados de esta hormona? ¿Una necesidad excepcional y encubierta justificaría el crecimiento del nódulo? ¿Es necesaria una comprensión simbólica?

Hace más de dos mil años, los sabios y los iniciados sabían que las enfermedades podían doblegarse, que el ser humano tiene interés en encontrar el sentido de cada acontecimiento que se le presenta para no ser víctima de las circunstancias. Las enfermedades sólo deben domarse, es perjudicial violar la biblioteca cromosómica con todas sus recetas, sus mapas, como ambiciona la industria genética, y pronto veremos por qué. ¿Por qué los genes no iban a ser razonables?

Te espera un vino joven, un néctar calmante para saborearlo sin moderación. Si, de lo que hasta el momento sabemos sobre anatomopatología, fisiología, el inconsciente, la gestión de las crisis, muchas cosas son perfectamente justas, algunas lagunas de información podrían rellenarse. Es evidente, para cierto número de investigadores psicosomáticos, que:

- Todas las enfermedades tienen como punto de partida una angustia que causa un conflicto biológico…
- Todas las enfermedades se inician tras una orden emitida por el cerebro…
- Los genes tienen grabadas memorias de antiguas adaptaciones a antiguos conflictos, todas las dolencias son genéticas, por lo tanto, y epigenéticas…

No haría nunca un elogio de la enfermedad si creyera, como se ha creído durante largo tiempo, que es sólo un fenómeno destinado a eliminar individuos débiles para favorecer lo bueno y mejor de la especie. En la actualidad, numerosas dolencias orgánicas y algunas mentales han revelado su sentido y se han vuelto perfectamente curables.

La ignorancia sobre la existencia de un proceso arcaico que administra la enfermedad, de la A a la Z, la urgencia en la que están instalados los terapeutas, han llevado a los investigadores por caminos incorrectos y pedregosos. El descubrimiento de los antibióticos y los «milagros» que producían, junto con el efecto tranquilizante y la fe que procura todo remedio eficaz, llevaron a un crecimiento considerable del negocio de los antibióticos. La eficacia de algunos remedios, afortunadamente administrados con sensatez, hizo que se tuvieran en cuenta a nivel exclusivamente molecular para salvar a los que sufren. Y ese espíritu cortó de raíz la posibilidad de contemplar otros horizontes y otras posibilidades. En nuestra era científica donde todo es analizado, donde lo tenemos que saber todo o casi todo, cuando las enfermedades resisten a la mano del hombre, se revisten de una fuerza terrorífica, de una intención maligna que da pavor...

Pero desde hace más de veinte años, hombres y mujeres, en seminarios, con libros, en las consultas, aprenden lo que son las enfermedades y su relación con el destino, abandonando los miedos irracionales y curándose o mejorando gracias a que disponen de mejores caminos en sus vidas. Encontrándolos con este libro, descubrirás que el ser humano, contrariamente a lo que opinan algunos investigadores, no es una metedura de pata de la naturaleza sino de lo mejorcito de su propia evolución, aunque su forma de ver la vida esté afectada por un astigmatismo recurrente...

El destino, encadenamiento necesario y desconocido de acontecimientos (según el diccionario Larousse), aparece como un fenómeno completamente lógico. El que tiene un ordenador no lo quiere sin programas porque entonces no puede usarlo. Lo mismo pasa con los seres vivos. Cada ser vivo recibe, junto con el software que define su morfología y su fisiología, un «software de enfermedades y destino». Cada individuo tiene necesidades esenciales que debe colmar: amor, alegría, salud, dinero, sexualidad, contacto, territorio, seguridad, etc. Sin embargo, su destino hará que algunas de sus necesidades no se vean colmadas, como si su árbol genealógico le impidiera hacerlo. El destino cuenta con una lógica natural que escapa, de ordinario, a nuestro entendimiento. Los recuerdos de momentos difíciles de la vida de los ancestros se trasmiten a las siguientes generaciones y, dicha trasmisión, constituye la programación trasgeneracional, la cual opera en todas las especies: gracias a ella, los niños «aprovechan» la experiencia de sus mayores. Es el truco que la naturaleza ha previsto para que la prole pueda vivir en un mundo en el que lo que le pasó a alguno de los ancestros pueda volverse a reproducir.

Tengo que prevenir a mis lectores que sería antinatural albergar sentimientos de rencor contra los pobres ancestros o, al contrario, de culpabilidad hacia la descendencia. Todo lo programado puede desprogramarse. Cada generación hace lo que puede y no debe considerarse culpable. Si tomamos conciencia de ello, podremos mimar a nuestros antepasados, reparar sus sufrimientos, aunque sea *a posteriori*. Nuestro camino es también su camino. Para evolucionar, el individuo tiene la posibilidad de remontar su problema en el tiempo, hasta la idéntica vivencia de sus padres o sus abuelos, como el salmón adulto que deja las aguas saladas para remontar un río, acercándose a una posición precisa en el universo, volviendo al lugar de su concepción, justo donde nació, donde también nacieron sus padres. Recuperando el ambiente de su nacimiento, el marco, los colores, el olor de su propia concepción, el hombre que evoluciona ve, por fin, los hilos que lo manipulan, sabe por dónde tiene que cortar y a qué debe desobedecer.

Esta obra podría haber presentado una lista de enfermedades con sus correspondientes causas emocionales. Pero no va a ser éste el caso; el presente libro sólo es una puerta abierta para familiarizarse con la noción del sentido de la enfermedad y del destino.

Puede que el universo espere que el ser humano aprenda a vivir con su cerebro –y no a pesar de su cerebro–, reuniendo su parte femenina y masculina, lo consciente con lo inconsciente. El mundo, en el estado actual, es casi perfecto. Voy a intentar demostrar esto, consciente del inevitable impacto de mi personalidad y de la historia de mi linaje sobre la incorregible ligereza de las letras, símbolos que aceptan tan dócilmente unirse en grupos significantes, demasiado resonantes, las palabras y las frases.

Enfermedades y destinos a reinventar

A fuerza de observar el fenómeno de la enfermedad, aislándolo de la historia emocional del enfermo, los hombres creyeron que las dolencias eran «extravíos» debidos a la fragilidad innata o adquirida de la constitución, fragilidad que aparecía de repente y sin razón conocida. Pero si reculamos un poco, las veremos de manera distinta: cuando la persona se ve presa de problemas a los que no puede dar una solución satisfactoria (problemas reales, imaginarios, simbólicos, presentes o pasados, quizás vividos por sus ancestros) varían simbólicamente órganos y funciones precisas. Estas compensaciones, en un primer momento, le salvan la vida.

La enfermedad es una respuesta arcaica propuesta, solamente, por una pequeña parte del ser vivo (el riñón o la rodilla, los oídos o las arterias, la corteza en el mundo vegetal, etc.), al problema vivido por el conjunto del individuo. Cuando el problema desaparece de una forma u otra, la respuesta resulta inútil. La enfermedad puede verse detenida, abortada, desactivada, eliminada por una orden del cerebro, de manera natural.

Este libro propone una nueva mirada a la enfermedad. Voy a intentar que podáis compartir mis convicciones, explicar lo que me fue apareciendo como una evidencia, progresivamente: que hay un solo desencadenante para todas las enfermedades, que éstas tienen la capacidad de desaparecer, que una población microbiana que se despierta durante una infección sólo intenta ayudar al individuo a resolver sus conflictos, que el cáncer es una proliferación compensatoria muy bien ordenada y orquestada, que la generalización de un cáncer es debida a múltiples angustias «en suspenso», algunas provocadas por diagnósticos médicos o por otras cosas.

Obligado a adaptarse permanentemente, el ser vivo elabora, desde hace miles de años, estratagemas. Éstas son de tres órdenes:

- Estrategia interna del organismo (enfermedad orgánica).
- Estrategia comportamental (enfermedad psicológica).
- Estrategia externa (destino, impacto del ser en su medio y viceversa, desplazamientos y actos).

Estas estrategias aportan un plus al individuo y a su linaje, son la solución óptima para la parte biológica silenciosa de cada unos de nosotros. Son soluciones antes que problemas, por eso las enfermedades que hemos curado hasta ahora no son las «pensadas» por la naturaleza. Ahora tendremos otra imagen de ellas.

La búsqueda de la causa

Cada enfermedad empieza con una sensación particular.

> Arlette fue agredida sexualmente. Intentó resistirse pero no consiguió escapar a su agresor. Se sintió absolutamente impotente y sufrió una angustia brutal durante un tiempo. Treinta años más tarde, su hijo Jean-Louis sufría persecución en la escuela, se sentía aislado, privado de afecto, impotente para resistirse… Acabó desarrollando una diabetes hiperglucémica.

El sentido arcaico de ciertos tipos de hiperglucemia es la compensación para un individuo impotente para mantenerse firme, cuando cree que podría hacer muchas cosas pero nadie lo apoya o lo boicotean. El azúcar es el carburante de los músculos y del cerebro, los cuales sirven, entre otras cosas, para resistir, luchar, descansar y adoptar estrategias adecuadas. La hiperglucemia puede aparecer como una solución simbólica y biológica para ayudar al organismo a resistir, a combatir y a salir adelante. Las complicaciones oculares, por ejemplo, de la diabetes se deben a sentimientos anteriores, concomitantes o ulteriores al sentimiento principal, en relación a los que se ha vivido.

Nos parece natural heredar de nuestros antepasados algunas de sus características morfológicas, ciertos rasgos de carácter. También deberíamos encontrar natural que nos trasmitieran una memoria de «lo sentido». Al heredar los recuerdos angustiosos de los ancestros, estamos preparados para la eventualidad de revivir los mismos episodios.

Así, en ese estado de alerta, reaccionaremos más rápidamente frente a una enfermedad y sobreviviremos. ¿Te parece que la enfermedad es más una cadena o un triunfo? ¿Y si la enfermedad es la que nos permite sobrevivir en un momento angustioso? Entonces contemplamos la enfermedad con otros ojos; sobrevivir –aunque sea enfermo– es lo mismo que ganar tiempo de vida para el linaje, para el trabajo, para la sabiduría, para procrear… Es posible que si la enfermedad no existiera, nos moriríamos todos por exceso de estrés. ¿Se puede probar esta postura? No lo sé. Pero la consideración, a la que se añadirán otras la mar de lógicas en este libro, te llevará a discernir el genial plan que se esconde tras la enfermedad.

Otra proposición, el tiempo no borra nada y menos la información, la memoria. Nuestros ancestros viven en nosotros y podemos encontrar en nuestro árbol genealógico las raíces de nuestras enfermedades. En ese caso, no es el órgano del enfermo el que debe tratarse, sino la angustia vivida, coagulada en nuestro inconsciente; es eso lo que deberá recibir toda nuestra atención. Se podrá constatar que ésta no es más que una resonancia de otra, más antigua, vivida por los padres o por otros antepasados. No se trata de combatir los síntomas, un destino, mediante todos los medios agresivos posibles, sino de comprender para qué sirven, cuál es la problemática que indican y qué solucionan.

Estado de la cuestión

Durante mucho tiempo, médicos curiosos, psicosomáticos, han buscado las correlaciones «reproducibles» y fiables entre perturbaciones emocionales y enfermedades. Pero no encontraban nada suficientemente evidente que les permitiera discernir un sentido tras cada enfermedad, nada que permitiera poner las bases de una nueva disciplina de la salud. El postulado que hizo de los microbios la causa de las enfermedades empujó al común de los mortales a esperar curarse de todo, a encontrar en su interior las causas de sus dolencias. Enfermedad y microbios están relacionados, de manera que sólo el especialista y sus remedios son capaces de curar. La sanidad se ha convertido en un asunto propio de las élites intelectuales, en un *lobby* industrial y comercial.

La medicalización se desarrolla alrededor de estructuras ceñidas a la rentabilidad. La tecnología de ayuda diagnóstica es cada vez más invasiva, hace visibles las enfermedades más escondidas y propicia intervenciones más frecuentemente. Se lucha contra los microbios a pesar de que, como son mutantes, la lucha deviene eterna. Se lucha contra el cáncer, con una buena artillería, pero el secreto del cáncer sigue sin aparecer porque no se acierta en el blanco. A fuerza de ir «a la contra» nos olvidamos de «ir con» y de «ir en el sentido de». Los servicios de oncología actuales no saben ya dónde mirar, los médicos jóvenes prefieren otras especialidades y las oportunidades de curación no han crecido en la misma medida que los esfuerzos y los gastos. Algunas campañas publicitarias que tienen por objetivo la salud de la población suelen tener un efecto contrario porque usan el miedo como detonante, y el miedo es un sentimiento que acaba por poner enfermo.

Preámbulo

Hay enfermos que parecen curarse por arte de magia, en ocasiones sin tratamiento alguno; ciertos lugares sagrados, como Nuestra Señora de Lourdes, parecen funcionar curando gente. Marc F., psicólogo de un hospital parisino, se dio cuenta de que los acontecimientos estresantes sobrevienen de forma cíclica, en ecoincidencia y, siendo conscientes de dicha ecoincidencia, se pueden desencadenar muchas curaciones que de otro modo habrían sido improbables (cánceres, algunos en fase terminal, esclerosis en placas) con un coeficiente de éxito del 90 por 100.

En los años ochenta, un médico –Dr. Hamer– descubrió, examinando escáneres cerebrales, que una alteración de una zona precisa del cerebro acompaña siempre la alteración de un órgano y que el enfermo vive siempre con un conflicto particular durante su enfermedad. Así pudo ayudar a numerosos pacientes, desahuciados por la medicina tradicional. Otros investigadores confirman, perfilan y enriquecen, en la actualidad, los descubrimientos de este médico.

En el espacio de dos decenios, las curaciones racionales, explicables, fácilmente reproducibles, han desencadenado una revolución silenciosa… Pero ¿la historia no se repite? Hace siglos que todo era evidente para algunos iniciados… En el libro de Jeremías, en la Biblia, Jacob tuvo que viajar al norte para curarse de su cojera. Pero en hebreo, la palabra «norte» también significa «lo que está oculto, lo escondido», como el inconsciente freudiano, de alguna manera. Los terapeutas «de los primeros siglos» sabían que la curación pasa por tener conciencia de la información escondida «en el norte» del individuo.

Todos sabemos que para eliminar definitivamente una zarza del jardín, pasar el cortacésped o las tijeras de podar no sirve de nada. Sólo arrancarla de raíz permite olvidarse de ella. Lo mismo pasa con la enfermedad. Si estamos cansados de sufrir una dolencia cada dos por tres, tendremos que extirpar la memoria que la justifica. Y ello requiere labrar los campos interiores…

Gracias a este reciente descubrimiento sobre el funcionamiento de las enfermedades y su rol para la supervivencia, tienen lugar curaciones de enfermedades pretendidamente crónicas e incurables, y la sociedad de los hombres puede dar un gran salto en su evolución. Parece también que no sólo las enfermedades, sino todos los caminos de la vida, nuestras elecciones, nuestra profesión, las actividades asociativas, los deportes que nos gustan, los lugares donde vivimos, la suerte y la mala suerte son consecuencias, respuestas lógicas a viejos problemas que quedan en «suspenso» en nuestros árboles genealógicos. Por esa razón, el sentido de las enfermedades y su destino se tratarán también en este libro.

El hombre apresurado en el instante se percibe en el individuo independiente y no suele ser consciente del papel que juega en el seno de su propio linaje, en el mundo, en el cosmos, que no es sino un gran organismo del cual el ser humano es una célula. Se vive a sí mismo como una hoja, en lugar de vivirse como un árbol. Observa la inmediatez de lo manifestado, privado de luz sobre su causa porque ha olvidado o ignora su pasado, lo vivido por los que llevaron, antes que él, la antorcha de la vida.

El proyecto de este libro

Mi proyecto con este libro es llevar al lector a adoptar una mirada serena sobre la enfermedad y el destino. Me daría por satisfecho si el lector comprendiera que la forma en que contemplamos este fenómeno, según de lo que se trata, puede llevar a la curación o al empeoramiento. Sin embargo, no se trata de incitar a personas enfermas a cultivar pensamientos positivos sin fundamento alguno. No se trata de ningún método espiritual, al contrario. Cada uno de nosotros en un momento de severas dificultades se cuenta milongas a sí mismo e intenta olvidar para no sufrir. La enfermedad se instala entonces para colmar ese vacío de conciencia. Instalarse en la realidad biológica permite curarse fijándose en cada uno de los síntomas por lo que realmente son, encontrando su sentido. Los nuevos terapeutas ayudarán al lector que quiera, más allá de las generalidades de este libro, a aprender a saber más y curarse de una dolencia, librándose de un destino desfavorable.

«*Feliz aquel que puede penetrar en las causas secretas de las cosas*».

VIRGILIO, *Geórgicas*

PRIMERA PARTE

Las enfermedades

Atención, el contenido de este libro
puede herir tus creencias.
También puede, suscitando comprensión y tomas de conciencia,
provocar curaciones u otros efectos reparadores.
El que quiera curarse una enfermedad
con la descodificación biológica debe saber
que las enfermedades (o algunas localizaciones anatómicas de las mismas)
no están todas descodificadas, aún.
Se están realizando investigaciones continuamente.
Además, descodificar, es decir, encontrar la causa de una dolencia,
es una cosa, resolver un conflicto es otra.

> *«¿Te quieres curar?*
> *¿Estás dispuesto a eliminar las causas de tu enfermedad?».*
>
> HIPÓCRATES

La aparición del principio de la enfermedad

Génesis

Una fuerza de atracción reúne elementos dispersos, polvo de estrellas estalladas, y eso fue la Tierra. Dicha fuerza ¿no es lo que los antiguos griegos llamaron Eros? En el seno de la materia, tanto si es gaseosa, líquida o sólida, las moléculas chocan entre ellas a gran velocidad, sometidas a fuerzas de repulsión y, al mismo tiempo, a fuerzas de cohesión. En el seno del océano, diversas reacciones químicas produjeron las primeras «moléculas vivas». El hombre sabe, actualmente, reproducir ese fenómeno en un laboratorio. Ciertas moléculas vivas captaron clorofila y se convirtieron en algas azules; pero otras no lo hicieron y se convirtieron en bacterias. La alianza entre bacterias y algas dio como resultado la aparición de las células eucariotas, más grandes, equipadas con núcleos donde guardar los genes. Tras haber perdido la capacidad para practicar la fotosíntesis, algunos de esos seres vivos primitivos empezaron a nutrirse de sus congéneres hasta que fueron convirtiéndose en animales. Todos esos seres compuestos de una sola célula microscópica tenían una identidad eterna, puesto que se clonaban a sí mismos indefinidamente dividiéndose en dos y, recuperando cada parte, el volumen original para volverse a dividir en dos.

La sexualización, cuando aparecieron Adán y Eva

Mecidos por el océano, estos ancestros vivos encontraron algunas dificultades (calor, frío, glaciaciones, lluvia de meteoritos, modificaciones de pH, cambio de los polos magnéticos, cambios de luminosidad, paso de una atmósfera carbónica a otra oxigenada, rayos que carbonizaban y descomponían elementos, predación, etc.) que podrían haberlos hecho desaparecer. La supervivencia exigía cualidades de adaptación muy rápidas.

Dichos seres vivos primitivos sólo podían evolucionar gracias a breves y aleatorios acoplamientos ciliares (prefiguración del coito) que les permitía intercambiar extremos de cromosomas o telómeros (la conjugación bacteriana). Estos telómeros son libros de historia que se van escribiendo a medida que el ser vive episodios complejos y evoluciona para adaptarse. Pero la evolución obtenida por estos medios es realmente lenta. Cuando todo parece establecido, llega un elemento nuevo y desestabilizador que impide a los seres vivos mantener sus hábitos, forzándolos a mutar.

La naturaleza se perfecciona por necesidad y la sexualización fue una respuesta lógica y realmente genial: si se necesitan dos individuos para crear un tercero, el aporte de información sobre el medio y las vivencias se dobla, las zonas de competencia (capacidades de adaptación) de cada uno de los progenitores se ven reunidas en el nuevo individuo. Un día, o quizás fue una noche, Adán, una célula resultante de la reproducción por escisiparidad, se sacó una de sus costillas receptoras, una parte femenina que se convertiría en Eva (fuerza de puesta en marcha). La otra costilla sería el emisor, masculino. Ambos lados se separaron. El mito bíblico de Adán y Eva relata la aparición del principio masculino y del principio femenino, a partir de una célula andrógina.

La sexualización hizo evolucionar los linajes muy rápidamente y éstos pudieron explorar y conquistar nuevos espacios.

En el curso de la historia de los seres vivos, ciertas especies evolucionaron para más tarde involucionar. Reproducción asexual, después reproducción sexual, vuelta a la reproducción asexual… Estas alternancias y variaciones tenían un sentido de cara a la supervivencia. Algunas especies vegetales o animales tienen, en la actualidad, ambas posibilidades para reproducirse, empleando una más que otra según las variaciones del entorno (la temperatura, por ejemplo).

Algunos seres vivos pueden, asimismo, volverse machos o hembras: es el hermafroditismo sucesivo de las esponjas, de ciertos moluscos y anfibios o del mero, por citar unos cuantos.

Esta constatación nos lleva a tomar conciencia de la facilidad con que los seres vivos pueden evolucionar, involucionar, mutar, incluso fusionarse con otros diferentes (la quimerización) para adaptarse al entorno cuando éste constituye un problema. Para ello, es importante mantener un cierto *savoir faire*, una memoria morfológica o funcional que puedan servir en una época, de manera que el ser vivo se equipa de bancos de datos, esto es, cromosomas y una organización espacial de éstos en el núcleo, los genes, para que los descendientes puedan servirse de estas viejas recetas. Los genes son la memoria necesaria de respuestas dadas a problemas que nuestros ancestros sufrieron. Son testigos de lo vivido.

Y la función creó al órgano

Igual que los átomos se unen entre sí para constituir moléculas y se mantienen unidos porque esa organización les permite economizar energía, los seres vivos unicelulares se asociaron ¡para ser más fuertes y más grandes! Ya sabemos que un todo es superior a la suma de sus partes. La asociación permite economizar energía. Los seres pluricelulares se formaron entonces, formando racimos de células aglutinadas. Luego, entre las diversas células de dichos racimos, se elaboraron circuitos, mediante moléculas mensajeras que asegurasen la comunicación entre las diversas partes del todo.

La ley universal de la economía, también en este ámbito, ideó una especialización de las células en el seno del «individuo pluricelular». Solamente algunas células (que se convertirán bien en ovarios, bien en testículos, pistilos y anteras) recibieron la misión de ocuparse de la reproducción, como en un panal la abeja reina se dedica a poner huevos, mientras el resto de la comunidad le asegura la alimentación.

Para que la provisión alimenticia sea más regular, y menos dependiente del momento, se formó el hígado, como expresión aumentada de la parte de la célula que antes cumplía esa misma función.

La vejiga se creó para almacenar, y no para eliminar de manera continua, la orina, tanto antes de que se necesitara marcar el territorio como después de hacerlo, para lo cual es necesario acumular mucha cantidad. Las aletas son órganos especializados que aparecieron para permitir desplazamientos rápidos en el agua. Con el tiempo, las aletas fueron mutando en patas, en el momento en que los animales marinos salieron del agua para adentrarse en tierra firme, convirtiéndose en anfibios, luego en reptiles, ratas, monos, etc., hasta llegar al ser humano moderno.

Cada nueva generación es ligeramente diferente de la precedente. Al cabo de X generaciones, el hígado ya era considerablemente voluminoso, compuesto de muchas más células y todo el conjunto también era mayor. En el curso de la evolución, las células evolucionaron adaptándose a su cambiante biotipo, adaptando sus tejidos en cantidad y en calidad.

> *Los tumores son debidos a este fenómeno.*
> *Los llamamos enfermedades cuando se manifiestan*
> *en un individuo y sólo en su linaje, durante*
> *diversas generaciones.*

La ley universal de economía hace que una célula reforzada en un momento preciso pierda ese equipamiento cuando ya no es útil en otro momento. Las lisis óseas, las atrofias, tienen su génesis en este fenómeno estrictamente adaptativo. El kiwi (pajarito de Nueva Zelanda), al no tener predadores, perdió su capacidad para volar.

Una simpaticotonía adaptativa

La duración de la vida de los seres pluricelulares aumenta porque las células que los constituyen se renuevan un cierto número de veces antes de que el organismo muera. Pero, al mismo tiempo, la frecuencia de los problemas (riesgo de muerte, ser víctima de un predador) empuja a los seres a elaborar nuevas estrategias de adaptación (más rápida que la reproducción sexual), para permitir al individuo (y no solamente a su linaje) aumentar sus oportunidades de supervivencia.

Este sistema de adaptación ultrarrápido se compone de un almacenamiento de información y de un detonante. Todas las experiencias antiguas (nada de lo que aconteció a los ancestros se olvida), todas las memorias que conciernen a la adaptación (artimañas, combate, estrategias, respuesta de los tejidos, órganos…) están almacenadas en los genes. Las experiencias más recientes del linaje están inscritas de manera epigenética gracias a una especie de pasillos en los territorios cromosómicos (en su fase descondensada) ¿con moléculas de ARN, con proteínas, con la memoria del agua? No lo sabemos aún con precisión. Llamamos a estas inscripciones «memoria celular».

Se necesitó un sistema detonante que buscara, en el menor tiempo posible, dentro de los genes, las viejas estrategias que pudieran ayudar al individuo. Y ése fue el sistema simpático. La simpaticotonía permite a los individuos, abocados al fracaso, mantenerse vivos más tiempo: por ejemplo, en el caso de necesidad de aire, una red de nervios y secreciones moleculares despiertan los genes de los alveolos pulmonares. Su expresión genética es, entonces, otra; la división celular no se detiene aunque el problema persista.

Un tumor es, pues, evolución acelerada. Un tejido muta, en algunas semanas, usando los conocimientos que la evolución de la especie tardó años en elaborar.

El ADN es el elixir de la longevidad.

La aparición de la enfermedad es paralela a la aparición de la vida. El concepto «enfermedad», en sí mismo, deriva de las miradas estupefactas con las que hemos contemplado ese fenómeno, por otra parte tan natural como útil. Gracias a la simpaticotonía y a sus moléculas mensajeras, a las hormonas, a los neurotrasmisores y al sistema inmunitario, la vida de los seres complejos (pluricelulares) se hizo más larga. Cuando la sexualidad permitió sobrevivir a las especies, dándoles el medio de adaptarse rápida y ampliamente a los problemas, el sistema neurovegetativo simpaticotónico se añadió para permitir, esta vez sí, la supervivencia del individuo. Porque vivir más tiempo, siendo más viejo, gracias a una enfermedad, es procrear más, enriquecer el clan con nuevos conocimientos, con trabajo, con su presencia y aumentar de este modo la supervivencia de todo el linaje.

La vagotonía reparadora

Tras el esfuerzo llega el confort: la simpaticotonía deja paso a su contraria, la vagotonía, que pone (o intenta poner) al órgano en sus funciones y estado anterior. Los órganos reciben la orden, por parte del cerebro, de volver a ser lo que eran. ¿No es un plan perfecto?

Frío y caliente

Los órganos están doblemente estimulados por esos dos sistemas antagónicos que son la simpaticotonía y la vagotonía. Las enfermedades que afectan a los seres vivos son de dos naturalezas: enfermedades frías (sin fiebre), a menudo discretas, desencadenadas por el sistema simpático adaptador, y las enfermedades calientes (inflamatorias, infecciosas, edematosas) desencadenadas por el sistema vago reparador.

Una enfermedad fría precede siempre a una caliente. Es así en personas y animales desde hace miles y miles de años, pero no lo habíamos comprendido hasta ahora. Las reacciones químicas entre moléculas diferentes son reversibles bajo ciertas condiciones. ¿Por qué vamos a dudar, entonces, que las reacciones celulares como el cáncer puedan también ser reversibles, dado que los seres vivos están compuestos de moléculas?

Del cerebro neurovegetativo al cerebro psíquico

En el curso de la evolución, se construyó una central de mando para gestionar armoniosamente las diferentes partes del organismo, en beneficio del individuo; se trata del cerebro neurovegetativo autónomo (dado que es independiente de nuestra conciencia). Cada época paleontológica se caracteriza por aprendizajes nuevos, por la evolución de las relaciones con lo vivo y con los minerales. En cada ocasión, nuevas capas de neuronas y de glías se iban incorporando, afectadas por la memoria, por el psiquismo, por el pensamiento consciente y permitiendo la imaginación, la construcción de creencias, la curiosidad... El cerebro de los humanos aumentó progresivamente su volumen alrededor de un primitivo cerebro emocional (sistema límbico) memorizando el estrés y reactualizando datos.

La comunicación entre las diferentes zonas cerebrales que establece el pensamiento, las ideas, las palabras oídas y todo lo percibido, pueden –según la intensidad de la emoción provocada– actuar sobre todas las partes del organismo mediante el sistema neurovegetativo.

Un terror violento, una angustia pronunciada desencadenan una descarga masiva de catecolaminas dinamizadoras (adrenalina, noradrenalina, etc.). Pero éstas, al mismo tiempo, podrían provocar la muerte instantánea del individuo si no existiera algún sistema de derivación. El sistema neurovegetativo autónomo envía la energía hacia el órgano-objetivo, que enferma en el instante posterior al trauma o bien despierta al individuo de su apatía permitiéndole sobrevivir un tiempo más. Si el cerebro pesa alrededor de 1.300 g y el cuerpo unos 55.000 g, es lógico que todo el organismo reaccione para gestionar el estrés.

El único desencadenante
de la enfermedad

La pelota de tenis

Ejerzamos una fuerza horizontal F sobre un cuerpo, por ejemplo una pelota de tenis. ¿Qué ocurre? La pelota se desplaza y no sufre ninguna deformación.

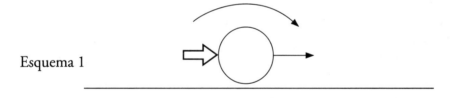

Esquema 1

Ejerzamos ahora dos fuerzas idénticas (F = F') en sentidos rigurosamente opuestos sobre dicha pelota. Hay conflicto. La pelota no puede desplazarse, de modo que ambas fuerzas ejercidas penetran en la pelota y la deforman.

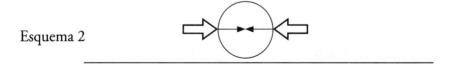

Esquema 2

En los seres vivos, del mismo modo, cuando un individuo no encuentra una solución liberadora externa a los problemas que sufre (lo que Henri Laborit denomina «inhibición de la acción»), la resultante de dichas «fuerzas opuestas» comporta la deformación interna; un órgano encaja la presión conflictiva. Ese órgano hace lo que sea, modifica su funcionamiento «con inteligencia» para ayudar al organismo (alteración de la renovación celular, mutación, atrofia, hipertrofia, hipo o hipersecreción, etc.).

Génesis de los descubrimientos

A principios de los años ochenta, una noche de verano hubo un tiroteo y un hombre joven fue herido, en consecuencia tenía pocas posibilidades de sobrevivir a sus heridas. Su padre, el médico alemán R.G. Hamer, estaba consternado. Algunos meses más tarde, supo que había desarrollado un cáncer. Suponiendo entonces que aquella intensa emoción podría tener algo que ver con el desarrollo de su cáncer, intentó verificar si sus pacientes también habían experimentado acontecimientos dramáticos antes de la aparición de la enfermedad. Efectivamente, ¡todos sus pacientes habían vivido episodios muy amargos antes del cáncer! Tras constatar esta circunstancia miles de veces, estableció 5 leyes biológicas: la ley del conflicto biológico, que él denominó ley de bronce (párrafo siguiente), la ley de las dos fases de la enfermedad, un sistema de clasificación de tumores, un sistema de clasificación de microbios y una ley de quintaesencia. Hamer escribió una obra de referencia, *Nueva medicina germánica*. Esencialmente, sus descubrimientos se confirman en la actualidad por parte de los investigadores, médicos y terapeutas que verifican, comparan, completan y, en ocasiones, eliminan elementos de lo que es hoy una nueva disciplina alrededor de «lo vivo».

El conflicto biológico es la causa de toda enfermedad

Toda enfermedad empieza con una «fase fría», bajo la influencia simpatotónica, y termina con una «fase caliente»: la fase fría se desencadena cuando el individuo se angustia (instante denominado

DHS, *Dirk Hamer Syndrome*, en recuerdo del hijo del Dr. Hamer) dependiendo de la emoción sentida. Se produce angustia cuando, frente a un problema sin solución inmediata, el individuo crea y mantiene un *conflicto biológico* (machacando, rumiando, dando vueltas al problema).

Una enfermedad fría, de compensación, aparece entonces. Como dicha enfermedad fría no siempre ocasiona dolor ni molestias, pocas veces se percibe su presencia (salvo en el caso de parálisis motrices o sensitivas, fallo de secreción que entrañe síncope, hipoglucemia, etc.). Esta fase fría aparece a menudo durante un chequeo rutinario o en las analíticas (análisis bioquímicos, radiografías).

En el momento de un acontecimiento inesperado, vivido en aislamiento con dramatismo, el individuo entra en shock, activa un conflicto biológico. La palabra «biológico» indica que el conflicto del individuo tiene una relación con sus necesidades vitales: tener un territorio, sentirse seguro, tener para comer, pagar las facturas, fundar una familia, tener amigos, relaciones sexuales, etc. Podríamos nombrar tantos conflictos como funciones celulares tenemos en el cuerpo.

La incompatibilidad entre un organismo vivo y un elemento exterior (tóxico, hongo, gas mostaza, radiactividad, ácidos, cuerpos extraños) constituye también un conflicto biológico.

¿Por qué un individuo vivirá una angustia profunda por un acontecimiento dado mientras que otro, en idénticas circunstancias, no vivirá esa angustia? Para empezar porque tiene que estar sembrada una «semilla de conflicto» desde la primera parte de la vida y en la de sus ascendentes. A eso se le denomina conflicto programado.

El conflicto que, más tarde, desencadenará la enfermedad se llama «desencadenante», y es la «resonancia» del conflicto programado.

Ejemplo: Anita perdió a su novio hace 20 años y 8 meses, su hijo Aldo sufrió la mudanza de sus padres hace 10 años y 4 meses, por lo que debió separarse de su querida vecinita con la que tanto jugaba; vivirá otra separación a los 20 años y 8 meses de una amiga apreciada, momento en el que empezará a tener problemas de memoria y un eczema.

Esquema 3

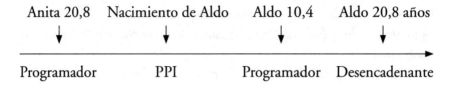

Anita 20,8	Nacimiento de Aldo	Aldo 10,4	Aldo 20,8 años
Programador	PPI	Programador	Desencadenante

Un pequeño conflicto dará pie a una pequeña dolencia, un conflicto grande dará pie a una enfermedad seria. Somos iguales en la medida en que, si diez personas sienten lo mismo, las diez experimentarán la misma dolencia. Pero la realidad es que no somos iguales en lo que a emociones se refiere. Frente a un mismo acontecimiento, unos sufrirán un conflicto biológico y otros no, unos lo vivirán de una manera y los otros de otra.

Pero una pequeña angustia vital puede despertar otras más grandes que estarán relacionadas por alguna causalidad o por asociación de informaciones. Por ejemplo: un hombre se entera de la fecha de su jubilación y del insuficiente finiquito que le espera, lo que le despierta conflictos de carencia (cómo voy a mantener mi tren de vida, cómo voy a mantener a mi familia → hígado), de desvalorización (ya no seré quien lleve el sustento a casa, no seré el cazador, el cabeza de familia → descalcificación), de pérdida de virilidad (→ próstata), de pérdida de dirección (→ suprarrenales), etc., y puede desesperarse.

Una herramienta muy útil

En los años ochenta, un nuevo material radiológico equipó los hospitales: era el escáner. El Dr. Hamer, tras examinar miles de imágenes de cerebros, descubrió zonas particulares del cerebro encargadas de un órgano concreto, más precisamente una parte del órgano compuesta de células idénticas. Estos «conmutadores» cerebrales tienen el mismo emplazamiento en todo el mundo.

Examinando meticulosamente miles de radiografías de cerebros enfermos, teniendo en cuenta cualquier marca, cualquier señal, la más mínima diferencia de contraste que podrían parecer nada significativas, comprendió que no había enfermedad sin alteración previa de uno de esos conmutadores cerebrales. Cuando un órgano enferma, su conmutador cerebral está alterado desde antes, lo que da una imagen radiológica particular. Dicha alteración se parece un poco a las bobinas eléctricas que, habiendo sufrido una sobrecarga, pierden aislante y acaban sufriendo un cortocircuito. Esos relés alterados fueron llamados «focos de Hamer» por los médicos que verificaron su descubrimiento.

El Dr. Hamer elaboró progresivamente una cartografía de dichos focos cerebrales, teniendo en cuenta las enfermedades y vivencias de las personas (anamnesia). Cada órgano tiene una función precisa y el conflicto que lo concierne está relacionado con dicha función. Esta cartografía indica el emplazamiento de los conmutadores de los órganos y señala el tipo de conflicto que los afecta. Ahora es posible, con la ayuda de las imágenes de los escáneres del cerebro, averiguar la estructura psíquica y la actividad conflictual de una persona. Cabe destacar que los emplazamientos de nuestros conmutadores cerebrales son casi los mismos que los de los animales.

En este estadio de la exposición, ya debes estar viendo la enfermedad como algo menos terrible de lo que pensábamos. La correlación permanente entre un conmutador cerebral y el estado de un órgano correspondiente nos hace ver la lógica implícita. La enfermedad no es ya «cualquier cosa». Los órganos y todas las enfermedades están bajo el permanente control de una parte del cerebro. Podemos dejar de lado el miedo irracional.

La trasmutación

A causa de la intensidad de un conflicto, el conmutador concernido en ese tipo de conflictos se altera, quizás deje pasar una corriente eléctrica inhabitual hacia el órgano que lleva el mando o, en todo caso, es una orden diferente y poco frecuente. Es la simpaticotonía, ese arcaico sistema que despierta los genes de las células de un órgano para que modifiquen su comportamiento, que sabe inhibir o estimular la renovación celular y adaptar las funciones. Entonces el órgano sufre una enfermedad fría (sin fiebre).

En función de lo que sienta exactamente la persona (*personare*, que resuena, que suena a través y si miramos el árbol genealógico veremos que también resuena), el órgano apto para ayudar al organismo en conflicto cambia de comportamiento.

Si se requiere más tejido para ayudar al organismo, el órgano concernido acaba fabricando tejido de más:

- Más secreción de ácidos para digerir comidas indigestas, más gónadas para fecundar, más dermis para protegerse, más hígado para filtrar más y sintetizar o almacenar, etc.

Si se requiere menos tejido para permitir la solución biológica del conflicto, el órgano competente hará menos:

- Menos epitelio en el estómago para proporcionar al individuo la máxima cantidad de nutrientes, menos piel para recuperar el tacto.
- Si el órgano sirve para invertir en espacio (huesos, músculos, tendones, etc.) dejan de hacerlo si hay desvalorización y aparecen atrofias y descalcificaciones, osteoporosis, para economizar energía al organismo. (Eliminar lo que se percibe como ineficaz).
- Si el órgano es un contenedor (una reserva o un canal) de fluidos (aire, orina, sangre, bilis, etc.), la alteración puede constituir una disminución del espesor de las paredes para aumentar el almacenamiento o facilitar el paso de los fluidos, apareciendo microulceraciones.

Si hay que suprimir el desplazamiento, la autonomía, el movimiento (porque se perciben como peligrosos), la motricidad se ve afectada (parálisis). Si la inmovilidad, la inhibición del gesto, supone un problema, la hipermotricidad será la solución (tics, Parkinson, hipercinesia).

Si hay que percibir menos porque el conflicto se ve activado por lo que se percibe, la solución consistirá en disminuir la vista, el oído, etc.

Si hay que percibir más porque el conflicto está causado por la falta de percepción, habrá hipersensibilidad como solución.

Esta enfermedad fría permite al individuo:

- Evitar la muerte inmediata por sobredosis de neurotrasmisores o por falta de atención. Un órgano fusible (y su continuación cerebral) absorben la mayor parte del estrés, para que el individuo pueda seguir vivo.
- Obtener, frente al problema irresoluble, la ayuda simbólica de una parte de sí mismo.

     Es pues, en el instante del DHS, un sistema de supervivencia.
     Es también una compensación simbólica y biológica.

Es cierto que puede ser muy difícil, para los padres de niños con algún *handicap* (miopatías, autismo, trisomía y demás) aceptar el hecho de que la enfermedad de su hijo es sólo un sistema de supervivencia. Yo puedo comprenderlo bien. Hay destinos desgraciadamente dramáticos. La parte de este libro consagrada al destino presentará las enfermedades como respuestas arcaicas a problemas vividos por los ancestros. Es cierto que la evolución de los hombres hacia el conocimiento y la toma de conciencia hacen las enfermedades más raras.

Cuando una persona tiene muchas enfermedades (eczema, asma, hipoglucemia) significa que vive diversos conflictos biológicos al mismo tiempo (en este orden: pérdida de contacto, separación del territorio, repugnancia).

Aún en la actualidad, en el medio médico, los enfermos presentan múltiples causas de enfermedad, sobre todo de sustancias cancerígenas (contaminación, radiactividad, amianto, tabaco, virus, etc.). Estos factores externos no pueden ser objetivamente determinantes, de lo contrario el 100 por 100 de la población en contacto con dichas sustancias las padecería. Pero veremos que, en las vivencias de los enfermos por un conflicto biológico (y su específica manera de sentirlo) constituye el «menor denominador común» que se puede encontrar para cada enfermedad.

Diseño del cáncer de mama

En los mamíferos, los cachorros no pueden alimentarse directamente del entorno, dependen de sus madres cuyas mamas los alimentarán de manera específica y suficiente. Por lo tanto, las mamas están ahí para proteger a la prole de la precariedad y la inanición, por lo que son los órganos destinados a aportar seguridad y optimizar las oportunidades de supervivencia y crecimiento. Así se comprende fácilmente que las patologías mamarias están causadas por conflictos en los que la protección y la seguridad sean nociones fundamentales. ¿Qué otro órgano podría simbolizar este tipo de angustia?

Si durante un acontecimiento que afecta a una mujer (muy raramente a un hombre) ésta no consigue proteger y ofrecer seguridad a otra persona (un hijo, una relación sentimental, el «nido», quizás un animal de compañía muy querido, el anciano progenitor que se ha vuelto como un bebé) o no se siente protegida y segura ella misma (para jugar su rol de madre, por ejemplo), una de sus mamas puede anormalizarse y presentar una patología. Si, entre las patologías más frecuentes (mastosis, quistes, calcificaciones, cáncer canular, *in situ*, lobular) se deben a conflictos de seguridad y protección, las diferencias entre las emociones vividas determinarán las diferencias de aspecto, la histología, el grado y la posición anatómica de las anomalías.

Cuando los ganglios circundantes también presentan anomalías, la persona experimentará otro conflicto al no poder defender a quien ama o al no defenderse de una agresión (tanto real como si sólo es vivida como tal).

Curarse de estas enfermedades exige que el sufrimiento se acompañe de confianza, comprensión y la convicción de que no se volverá a vivir lo mismo; por eso, el terapeuta, una vez encontrado el DHS y se ha tomado conciencia, empujará al paciente a evaluar y hallar en sí misma los recursos que le evitarán vivir lo mismo en el futuro, con semejante angustia. A ese precio se evitará la repetición.

Pequeñas causas, grandes efectos

La noción de problema es, evidentemente, subjetiva. Lo que supone un grave problema para un individuo no lo supone forzosamente para otro. Todo depende de la sensibilización previa, ancestral y cultural.

El conflicto activo que ha desencadenado la enfermedad no siempre es evidente para el enfermo, porque el órgano que aporta la solución, en forma de enfermedad, ha absorbido, en el momento del trauma, la parte más grande de estrés.

A menudo, el conflicto permanece en gestación, dura tanto tiempo que el individuo, progresivamente, se va identificando inconscientemente con él, hasta el punto de no distinguir que es un conflicto del que puede deshacerse.

Tras su divorcio, Constance sintió que no tenía energía para reconstruir su vida. Tenía miedo de no poder recuperar una vida agradable y confortable. Desarrolló una diabetes de tipo II, de origen esteroideo. La hiperglucemia es la solución biológica para un conflicto de resistencia. El azúcar simboliza la energía y la dulzura que le gustaría tener. Se acostumbró a resistir (a la idea de envejecer, de tener que alquilar su casa de Varcors, a los malos presagios de la bruja de su vecina, al placer de comer dulces, etc.) hasta que acabó por no darse cuenta de que vivía resistiéndose a un montón de cosas. Este fenómeno es la «represión inconsciente». A fuerza de vivir en un conflicto deja de verse como tal.

La naturaleza del conflicto biológico

Si diez personas sienten lo mismo durante un episodio traumático, todas ellas desarrollarán la misma enfermedad. Pero la historia ancestral es un prisma que queja pasar diferentes colores. Así, un mismo acontecimiento podrá ser vivido de diferentes formas, con diferentes emociones.

Cada uno de nosotros hereda de sus ancestros una sensibilidad particular. Cada familia tiene su propia sensibilidad, su «filosofía», sus

41

creencias, sus valores y cuando topan con acontecimientos de la vida, unas personas desarrollarán un eczema y otras reumatismos, etc.

Frente a un mismo episodio (por ejemplo, una esposa descubre a su marido liado con su mejor amiga, ambos desnudos en el cuarto de baño), los sentimientos de diez mujeres pueden ser diferentes. Sus enfermedades serán también diferentes. Algunas mujeres en dicha situación utilizarán su colon para «amortiguar el estrés» (porque se ven incapaces de perdonar ni olvidar, dado que más allá de la infidelidad, ésta se produce con su mejor amiga), otras sufrirán pólipos, otras tumores, otras dolor de estómago (cuando no pueden digerir la situación), otras la vejiga (las que se sorprenden de que eso les haya pasado a ellas), otras tendrán molestias en el seno derecho (las que piensan en el divorcio y la ruptura familiar), otras en su retina (porque la visión del problema las supera), etc. La mujer que siente alivio ante semejante escena (porque ella también tiene un amante, por ejemplo, y así se siente menos culpable) no tendrá ningún conflicto biológico.

El aprovisionamiento de alimentos no supone ningún problema para un hombre que vive en un medio natural y equilibrado: pesca, caza, recolecta lo que le es necesario. Pero si tras las repetidas agresiones al ecosistema su medio se empobrece, sus necesidades serán mayores de lo que cabría esperar cotidianamente y todo se vuelve más complicado.

La pesca enfrentada a la escasez de pescado aumenta el tamaño de las redes y de las salidas al mar.

El hombre confrontado a la escasez de alimentos, en el caso de llegar a obsesionarse, aumenta la talla de su hígado (con nódulos que le permitan almacenar más nutrientes).

Banalización del conflicto biológico

Un comportamiento tradicional, «cultural», puede empeorar o restarle importancia a un conflicto biológico: en una familia donde la desvalorización es permanente, por ejemplo, un conflicto biológico de desvalorización quedará oculto (porque desvalorizar es normal) hasta el punto de que la persona que lo sufre no llega a discernirlo.

Las mujeres «chicos que no han nacido» (cuya madre esperaba un niño o cuya madre fue humillada por el padre por no tener hijos varones) sufrirán con mayor frecuencia conflictos que desemboquen en cáncer de mama o de ovarios, y no dudarán en aceptar con facilidad la mastectomía o la histerectomía para poner punto y final, inconscientemente, a su feminidad con el fin de obtener el amor de sus padres y ancestros, siendo «un poco más hombres».

Los animales y los vegetales también tienen conflictos biológicos. Consagraremos un capítulo a este tema. Sólo que éstos no agravan sus enfermedades con miedos y creencias. El ser humano, alejándose de la vida instintiva y primitiva, se deja instrumentalizar, asfixiar, crea ocasiones extra para vivir conflictos. Las prohibiciones, los tabús, las creencias que el cerebro sabe construir, los miedos a partir de las creencias, forman un terreno abonado para las enfermedades, cuando aparece un conflicto. Olvidando vivir en armonía con la naturaleza, las personas tienen ciclos de ecoincidencias, heredando destinos y enfermedades sin saber cómo gestionar su «rueda de la fortuna». Conseguir un cerebro rico en posibilidades requiere tiempo, vueltas y vueltas alrededor de un tema hasta que se descubre la causa primera de cada cosa.

En la cima de las creencias, la idea que uno se forma de la muerte puede ser, o no, generadora de conflictos biológicos. Las palabras son símbolos de las cosas de la vida y los líderes saben de sobras cómo modelar los cerebros de la gente con sus palabras. Con palabras dichas o escritas suscitan miedos para poder controlar a los demás. La idea de la existencia del infierno, con tormentos indecibles tras la muerte, no reposa en lógica alguna, pero hace a la gente dócil. Esta creencia se alimenta del miedo, de modo que lo imaginario le quita el puesto a la realidad favoreciendo la aparición de conflictos biológicos. Otro fantasma, un cierto tipo de culpabilidad, que permite serenarse imaginando tener control sobre los acontecimientos, sobre la propia vida, sobre la vida de los demás...

La evolución reciente ha pasado por algunos episodios eclesiásticos. Los mensajes de los profetas fueron «pervertidos», mal interpretados, su sentido se vio diluido. La invención de un pecado original propuso un modelo de santidad que desvalorizaba la vida humana ordinaria. Los jerarcas, los organigramas sociales, las creencias, las normas sociales, creando ilegalidades, inducen a algunas personas a la programación de dolencias. Pero la supervivencia de las especies requiere de orden, de organización, porque el orden permite economizar energía individual y la colectividad sale beneficiada de ello. ¿Acaso no hay jerarquía entre los lobos, los simios, las hormigas, las abejas y la mayoría de las especies sociales?

La comprensión de las enfermedades

Si creemos que el ser humano apareció en la Tierra tal y como es hoy (según explica el mito bíblico) y no por un lento proceso (la evolución de las especies) que se inició en las profundidades oceánicas, prosiguió en el medio aéreo, pasando del estadio unicelular, pluricelular, vegetal, medio vegetal-medio animal y finalmente animal, no podremos comprender el sentido de las enfermedades.

¿Cómo apreciar el sentido de un cáncer de riñón (un carcinoma de los canales colectores) si ignoramos que un ancestro humano vivió bajo el agua hace millones de años, siendo un pez, y que de dicho pez hemos heredado la capacidad de bloquear la evacuación de líquidos? Cuando un desgraciado pez se encuentra varado en la orilla de la playa, lejos de las olas que puedan devolverlo mar adentro, centrará todo su interés en no deshidratarse. El carcinoma, en este caso, impide la evacuación de líquidos. El hombre actual que vive una situación dramática, viéndose fuera de su medio, en un entorno hostil donde tiene que partir de cero, sin un duro, puede desarrollar tal cáncer (si está programado para ello) o bien programarlo para su descendencia.

¿Cómo apreciar el sentido de un cáncer de próstata (Prostates, protector de los extranjeros) sin comprender que la próstata apareció con los primeros mamíferos para la fecundación interna? Con este tipo de fecundación hay que proteger los espermatozoides durante su viaje al interior del cuerpo de la hembra, para optimizar las probabilidades de fecundación. Apareció entonces la próstata y el líquido prostático para acompañar a los espermatozoides y protegerlos en su migración hacia las trompas uterinas.

El conflicto biológico que concierne a la próstata se denomina «semisexual fuera de norma». Puede estar relacionado con la procreación, con relaciones ácidas entre hombre y mujer, con una pareja mal avenida, con hijos que no tienen hijos o con el papel tradicional del hombre. El macho que llega a la vejez con temor porque quisiera seguir estando tan en forma como cuando era joven (siente que necesita recargarse) para asegurar su papel de hombre, puede, tras un DHS, desencadenar una enfermedad prostática. Ésta puede empezar a secretar difícilmente, para compensar simbólicamente la acidez ambiental, porque la fecundación y la vida sólo tienen lugar en un medio neutro. El hombre que desarrolla una hipertrofia de próstata suele ser muy exigente, dirige todo su entorno, es poco creativo y quisiera ser considerado un hombre sabio, un protector, un pastor del rebaño…, un «abuelo» que todo lo sabe y es reconocido por ello, un patriarca.

Hay cuatro «familias de conflictos biológicos»

1. **La familia de los conflictos vitales** concierne los órganos que se ocupan de las necesidades primarias del individuo: la oxigenación de la sangre (miedo a ahogarse, de morir antes de tiempo, el miedo a la muerte en general, que afectará a los alveolos pulmonares), la alimentación (miedo a las carencias, a la falta de respeto, de dinero, etc., que afecta a las células hepáticas), la prole (pérdida de un hijo que afecta a las gónadas), la digestión (tendencia a la obsesión y a rumiar los problemas, que afecta al estómago), la eliminación (impresión de no poder olvidar un acontecimiento vivido, como si fuera un lastre tóxico, de no poder perdonar, que afecta al colon), etc.

2. **La familia de los conflictos de protección.** Cuando el individuo puede comer y respirar sin problemas, busca la seguridad. El «conflicto de miedo a ser agredido» concierne a los órganos envolventes como la pleura, el peritoneo, las meninges, el pericardio, la dermis, etc., que son continentes abiertos a todo tipo de flechas y que se ven afectados por cosas como simples insultos, miradas de odio,

contactos desagradables, golpes físicos, contaminación microbiana, agresiones sexuales, etc. También encontramos conflictos en relación con la crianza de los niños, el cuidado de los seres queridos, que afectan a las glándulas mamarias.

3. **La familia de los conflictos de desvalorización.** Tras la urgencia vital y después de la seguridad, el individuo necesita investigar y para ello requiere de una estructura, un esqueleto para desplazarse; necesita al grupo para cazar mejor, construir para estar resguardado, necesita el calor de la tribu. Si el individuo que no consigue dichas cosas se compara con otro, desarrolla un «conflicto biológico de desvalorización» que afectará a los órganos estructurales (ciertas partes del hueso, la sangre, los tendones, los músculos, el tejido conjuntivo, etc.). Dicho conflicto ofrece un marco que abarca todos los matices posibles en el ámbito de la desvalorización (ser dependiente de otros, tener poca importancia, no saber qué dirección tomar, etc.). Si se infravalora y considera que nadie lo defiende, que nadie lo protege, el sistema linfático es el que entra en juego.

4. **La familia de los conflictos de relación, de territorio.** Cuando las necesidades primarias, junto con las de seguridad, pertenencia al grupo y exploración están satisfechas, el individuo se crea un territorio estable (habitar el mismo territorio por mucho tiempo permite conocerlo como la palma de la mano y explotarlo al máximo) y para ello debe anticiparse (prever, presentir). Desea tener relaciones y placer. En este caso los órganos concernidos son los que conducen información: sangre, algunas partes del sistema digestivo, los bronquios, la laringe, el sistema biliar, las arterias, las venas, los nervios, la epidermis, el cuello del útero, etc. El conflicto puede desencadenarse a propósito de todo lo que un individuo considere como territorio, que puede variar mucho de una persona a otra: la zona de caza para el león, la esposa para el marido, el marido para la esposa, el alojamiento, la plaza de parking, la parcela para el agricultor, el coche, la cocina, el mercado para el fabricante, la clientela para el comerciante, la empresa familiar, la reputación,

el acceso al sol para una planta, etc., todo eso constituye territorio. Y a propósito del territorio, pueden surgir problemas diversos: se puede sentir miedo por el territorio (el peligro está en el aire) o tener problemas para respetar los límites territoriales, sentir rencores dentro del propio territorio, puede que la persona no sepa que está dentro de un territorio concreto, puede perderlo, sentir frustración sexual o frustración por no tener territorio alguno.

Así se estructura nuestro cerebro biológico.

Antes de la gallina, el huevo

La percepción dramática de un acontecimiento nunca es el resultado de un análisis racional y objetivo de la situación, sino la reaparición de un conflicto antiguo que viene, en ese preciso instante, a parasitar al individuo. Cuando una persona reacciona de manera desproporcionada frente a la importancia real de un acontecimiento, lo que le pasa es que está reviviendo un conflicto antiguo. En dicha persona está la información, que retumba a través de ella. Es un sufrimiento anterior, pues, del que no se tiene conciencia. Más adelante veremos por qué el árbol genealógico familiar aporta mucho qué pensar; ¡cuando la angustia aparece, hay que pensar! Pero ¿antes del árbol, qué había? ¿Los 91 elementos de base del universo? ¿Dios?

Una «superhomeostasis»

En el interior de cada ser vivo, como en el seno del universo, las fuerzas antagonistas tienden a equilibrarse para permitir la vida. El universo está en expansión porque la fuerza de la vida hace contrapeso a la fuerza de atracción gravitacional, es el yin y el yang de los chinos. El fenómeno de la vida aprecia la neutralidad y el equilibrio.

También, y en interés del individuo, cada segundo, el sistema neurovegetativo recibe información por parte de los receptores repartidos por el cuerpo. Dichos receptores informan, entre otras cosas, de la temperatura interior y exterior, del equilibrio hídrico, del contenido de azúcar en sangre, de proteínas, sales, colesterol, de hormonas… El cerebro, entonces, frena o estimula la actividad de los órganos, reduce o aumenta las secreciones para mantener el equilibrio. Se adapta permanentemente, jugando con los espacios interiores, empujando a las células al extremo de sus fuerzas. Es la homeostasis, la facultad para restablecer las constantes biológicas en función de las variaciones del medio exterior.

Pero hemos ignorado durante mucho tiempo que lo que sentía el individuo era también tenido en cuenta por el sistema neurovegetativo. El cerebro adapta simbólicamente el órgano a la emoción sentida, en una especie de superhomeostasis que tiene en cuenta la angustia experimentada. Lo que se siente es tan importante como las modificaciones del entorno o el estado de reservas energéticas, etc.

En ningún momento da el cerebro órdenes inútiles o insensatas: si la sangre contiene unos niveles excesivos de colesterol, es porque dicho colesterol es útil para algo, como respuesta a una necesidad presente o pasada. Si la sangre tiene demasiadas plaquetas, es una respuesta del cerebro a una necesidad. Cuando falla la memoria, es como respuesta a una necesidad. Si la vista disminuye, también es en respuesta a una necesidad. Nos toca descubrir esa necesidad oculta, buscarla en nuestra propia vida y en la de los ancestros. Si la necesidad va más allá de las capacidades normales de los órganos normales (a causa de una emoción), el cerebro empuja a los órganos concernidos a modificar su comportamiento para adaptarse.

Una necesidad cuya imagen es conservada por la memoria, una emoción antigua, es tan real para el cerebro como una necesidad normal, inmediata y real, actuando en consecuencia.

Un órgano actúa, esencialmente, cuando la parte consciente del individuo ignora un problema, y más cuando se trata de una cuestión antigua, oculta. En esos casos se recupera la salud cuando se toma conciencia del problema.

Desvelado el misterio, la enfermedad va cesando. Dado que la enfermedad es una solución para un problema que se revela irresoluble, tiene mucho valor. Para que desaparezca, tenemos que suprimir el problema. ¿El verdadero síntoma no será el episodio que, a partir de fragmentos de memoria, construimos?

¿Cómo no habíamos descubierto esto antes?

Muchas razones hay para que hayamos tenido que esperar a finales del segundo milenio para descubrir (o redescubrir) estas leyes biológicas, encontrando correlaciones precisas entre emociones, focos cerebrales y enfermedades:

- El empleo del escáner, en los años ochenta permitió comprender el proceso de la enfermedad. Sin escáner sería imposible demostrar la existencia de un proceso cerebral para cada enfermedad.
- El lanzamiento de hipótesis prometedoras fue una práctica médica corriente. La Organización Mundial de la Salud señala que el cuerpo médico sigue doctrinas que no quiere abandonar y, si un estudio va en contra de dichas doctrinas, es inmediatamente ignorado.
- Los que, con ánimo cartesiano, se hayan puesto a confeccionar estadísticas para probar las correlaciones entre los acontecimientos vividos y el desarrollo de enfermedades, habrán fracasado estrepitosamente. El acontecimiento que origina un conflicto no tiene por qué ser necesariamente real. Podemos desarrollar conflictos a partir de episodios dramáticos imaginarios, virtuales o simbólicos. Las experiencias con escáneres lo han confirmado: pensar en un objeto o ver realmente dicho objeto provoca el mismo flujo energético y sanguíneo. Para la actividad cortical, actuar o imaginar que se actúa, pensar en algo o verlo físicamente, es lo mismo (Si pensamos en el sabor del limón ¿no segregamos más saliva inmediatamente?). Una mujer que no consigue hablar por teléfono con su hijo, sabiendo que ha habido una terrible explosión cerca del lugar donde éste se encuentra, puede visualizar a su hijo enterrado entre los escombros, herido, aunque no sabe nada de lo que realmente le ha pasado y piensa que segu-

ro que está vivo, pero puedo desarrollar un «conflicto de nido» y padecer un cáncer de mama. Los investigadores rusos han descubierto que también se puede desencadenar una reacción biológica en los animales mediante signos a los que se los ha acostumbrado. Esta constatación puede llevar al ser humano muy lejos, al origen del lenguaje.

- Por otra parte, la biología no puede actuar sobre los demás, sólo puede hacerlo sobre uno mismo (con este sentimiento: «¡Mejor que no me vea mamá! Ella no tiene problemas de vista pero mi descendencia podría tenerlos»). También podemos desarrollar conflictos tomando mensajes de manera literal, cuando el cerebro entiende otra cosa diferente de las palabras oídas.

> *«Emerger de la barbarie es un proceso lento y,*
> *como el hombre es –geológicamente hablando– tan joven,*
> *tiene todo el futuro por delante».*
>
> THÉODORE MONOD, *Sortie de secours*

Idénticos automatismos
en los reinos vegetal y animal

Las plantas y los animales se adaptaron, y siguen adaptándose, a la adversidad mediante mecanismos idénticos a los humanos. Los linajes vegetales, animales y humanos del planeta derivan todos de las primeras células vivas. Éstas vivieron las mismas dificultades en los mismos medios y se adaptaron con soluciones específicas para sus particularidades (con hemoglobina y hierro o con clorofila y magnesio).

Las fronteras entre los reinos vegetal y animal son más académicas que reales. Existen sorprendentes plantas carnívoras y las propiedades motrices y sensitivas de plantas marinas o terrestres: numerosas especies presentan flores que siguen el curso del sol, se cierran de noche y se abren por la mañana, cuando la lluvia dobla sus tallos, se incorporan rápidamente.

Los linajes vegetales

Lo mismo que en los humanos, las plantas deben satisfacer todas sus necesidades biológicas. Si no es el caso, una parte de la planta interviene en interés del conjunto. Dado que un vegetal está anclado a la tierra, no puede desplazarse ni tener una reacción externa, por lo que sus soluciones son básicamente orgánicas.

Cuando una planta recibe poca luz, por culpa de los árboles circundantes, por ejemplo, se produce un conflicto biológico «por falta de luz». La planta desencadena un plan de supervivencia: «alargamiento ultrarrápido de los tallos» para trepar hacia la luz. Esos tallos serán diferentes, serán «hiperplásicos». Apenas tienen hojas (lo importante es subir), su estructura es más rica en agua, su madera es más blanda, sus tejidos conductores dejar circular la savia más rápidamente porque la planta tiene urgencia por encontrar la luz.

Ese tejido diferente del habitual es equivalente al tejido animal o humano, fuertemente invasivo, calificado de tumoroso o cancerígeno en los animales. La planta que consigue trepar hasta la luz encuentra por fin la energía solar que le faltaba, podrá vivir normalmente gracias a su salvadora proliferación de células y, en la jerga de los jardineros, se llaman «golosas». Conseguido el objetivo, esos largos tallos ralentizan su crecimiento, se vuelven normales y sacan hojas cada vez más grandes. Dichos tallos son «golosos de luz» y, cuando son muy numerosos, algunos desaparecen: los hongos son invitados para eliminar progresivamente los tallos superfluos. Eso también pasa, en ocasiones, con parásitos intermediarios y complementarios (como los hongos que se desarrollan en los olivos gracias a las cochinillas).

Las células que aíslan, que protegen la planta de un exterior agresivo (que equivalen a la dermis, la pleura, el peritoneo de animales y humanos), también intervendrán si la planta se siente agredida: cuando una rama, por efecto del viento, frota contra una pared o contra otra planta, no puede resolver el conflicto huyendo de la agresión. Las células encargadas de la protección fabrican un blindaje en las zonas agredidas: un anillo de células ligeramente distintas formarán un aislante espeso, más duro de lo normal, para poner distancia entre el interior de la planta y el agresor (lo mismo que hace el melanoma humano). Si el conflicto se resuelve, si el agresor desaparece, los tejidos protectores se vuelven superfluos, la regeneración se detiene, se quedan como están o son eliminados por las bacterias.

Algunas plantas pueden secretar sustancias tánicas tóxicas para protegerse de los predadores: igual que las personas que se exponen a un sol poco habitual se broncean, una variedad de árboles africanos se protegen de la sobrepastura de las jirafas y otros herbívoros con hojas tóxicas para esos animales. Otra variedad de árboles protege sus frutos de la voracidad de los monos albergando hormigas en el interior de sus ramas, las cuales pican a los monos.

Una planta solitaria que no consigue reproducirse creará condiciones de regresión que le permitan tener descendencia, a pesar de todo: la autofecundación (equivalente al matrimonio consanguíneo), la propagación vegetativa (raíces que producen nuevos individuos) o la acodadura natural (ramas, tallos que se curvan para clavarse en la tierra y producir un individuo nuevo).

El árbol podado excesivamente crea un conflicto por la pérdida de masa que le asegura la aportación de nutrientes. Las hormonas descontroladas provocan floraciones masivas (como cuando una mujer pierde a un ser querido y desarrolla un quiste o un cáncer de ovarios, al aumentar sus niveles de estrógenos y atraer al macho que la fecunde de nuevo).

Las plantas adquieren, de generación en generación, capacidades nuevas que antes no tenían (resistencia al frío, a las sales, a la humedad, etc.), a eso se le llama aclimatación.

Los linajes animales

Los animales, como los humanos, se mueven y sus problemáticas pueden resolverse de dos modos, concretamente, mediante reacciones externas (encontrando alimento, encontrando pareja) o por reacciones internas, enfermedades orgánicas o comportamientos (locura, depresión, homosexualidad, etc.).

Un conflicto de separación provocará la pérdida de pelo en un equino, la caída de las plumas en un ave, ulceraciones microscópicas en la piel de los monos, pérdidas de memoria o un cáncer mamario en las perras lactantes a las que se retiran los cachorros, por ejemplo.

Los conflictos de pérdida de la prole (cuando el propietario retira los gatitos) fuerzan los ovarios de las gatas a entrar en un «programa de supervivencia» desarrollando superovarios para aumentar las posibilidades de fecundación, para compensar la pérdida y seguir adelante con la vida.

Entre los topos, la reina, cuando siente que las tasas de estrógenos de las obreras aumentan, las estresa para disminuírselas. Se trata de un comportamiento-solución que permite a la hembra dominante, manteniendo la especialización de cada cual (la reina pare mientras el resto abastece), garantizar la supervivencia del grupo. En los humanos, la hembra dominada por su entorno no tiene derecho a tener hijos y frecuenta hombres casados, padres de familia, y hace de querida por no poder hacer de madre.

Los microbios se adaptan también a los problemas: los que han perecido durante un calentamiento letal encuentran la solución encapsulándose (en las bacterias se hacen un caparazón). Así están al abrigo del calor, se «duermen» y se «despiertan» cuando la temperatura baja. Como otros seres vivos, la gambita Artemia, propia de lagos salados, pone su vida en suspenso. Se duerme y se deshidrata, despertando cuando hay presencia de agua.

La mariposa blanca de Manchester cambia de color y se pone oscura para protegerse de los depredadores cuando la industria del carbón cubre todo el entorno de color negro.

Los animales con comportamientos anormales tienen, como las personas, toda una constelación de conflictos biológicos. Un conflicto sobre el córtex izquierdo dará, según la naturaleza de los conflictos, tristeza, depresión o exaltación, obsesión sexual, homosexualidad, miedo, agresividad, apatía o agitación, bulimia o anorexia, etc. Los animales salvajes que viven en grupo, algunos problemas de comportamiento tienen un papel social de importancia, les permiten aceptar las reglas de la manada sin caer enfermos. Los lobos macho que no son jefes de la manada, que tienen un segundo puesto, como de lugarteniente, no tienen derecho a aparearse con las hembras que se reservan al macho alfa, acaban siendo homosexuales o intentando penetraciones ultrarrápidas.

Los animales tienen conflictos inherentes a sus particularidades de especie: una tortuga marina no suele presentar conflictos de miedo al agua, por ejemplo. Por el contrario, una persona, un pájaro o cualquier animal terrestre puede desarrollar un conflicto por miedo a ahogarse en el agua. El hámster al que se le suministra humo no desarrolla un cáncer de pulmón. Sin embargo, el cerebro de la rata doméstica (cuyos ancestros han vivido infinidad de incendios en las granjas) saben que el humo significa muerte y, si lo huele, desarrolla cáncer de pulmón con el fin de mejorar sus intercambios gaseosos.

Los animales enfermos se protegen con un cierto número de complicaciones iguales a los que emplean los humanos en idénticas circunstancias. Pero ellos no pueden escoger terapias ni le dan sentido a lo que pasa en su organismo. Si una parte de su cuerpo deja escapar pus o sangre, se lame o dejan que un congénere los lama. Es tan simple como eso. El animal salvaje enfermo (y el doméstico también, a menudo), se aísla, se esconde en un rincón, se hace una bolita y espera con paciencia su propia curación. Si su equilibrio energético le es favorable (la relación entre sus reservas energéticas y el coste de la reparación), su fase caliente, infecciosa, termina con el retorno a la normalidad. De lo contrario, muere. Una vez se ha conseguido la curación, se levanta y sale de caza, retomando sus actividades habituales.

Los animales resuelven ciertos conflictos con más facilidad que los humanos en la misma situación. Las leyes de ciertos clanes humanos no son leyes biológicas naturales, sino artificiales, sociales, machistas, castigadoras, surgidas de la religión o de las asambleas legislativas. El conflicto de pérdida (con cáncer de ovarios) que desarrollaría una zorrita que hubiese perdido su camada, se resolverá en cuanto vuelva a quedar preñada, justo en la siguiente ovulación. Pero una mujer que ha perdido a su marido no está autorizada a una nueva relación amorosa. El acoplamiento se vuelve imposible por razones morales o tribales y el conflicto no puede desaparecer, de manera que el cáncer de ovarios seguirá su curso.

Animales y plantas domesticados

Desde el momento en que viven seguros en las casas de los humanos, los animales y las plantas se emancipan, se liberan parcialmente de las reglas de la manada. Pero la naturaleza siente *horror vacui* y todo lo que se va debe remplazarse. Esta desintegración social los lleva a fusionarse con el inconsciente de la persona que los protege. Hay identificación o mimetismo. Los animales domésticos (perros, gatos, vacas, caballos, periquitos, patos, mangostas, ocas, etc.), como las plantas de interior, las ornamentales o las de huerto, son la continuación del cerebro del propietario, como una especie de sucursal (sucursal = que viene en socorro de), lo que hace que pueden descubrir al propietario aquello que ni él mismo llega a ver. Nuestros animales pueden adoptar nuestros conflictos y desarrollar las enfermedades correspondientes. Se sacrifican por nosotros, somatizan en nuestro lugar, a cambio de protección y alimento.

Una nueva vía terapéutica veterinaria se abre ante nosotros; consiste en que el dueño de una animal enferme y tome conciencia de sus emociones y programas.

Los insectos molestos que pululan sobre las plantas cultivadas compensan, simbólicamente, los sufrimientos de éstas, debidas a la falta de biodiversidad, a carencias fisicoquímicas del suelo o al inconsciente del que las cultiva. Insectos, hongos, parásitos, todo es útil para los grandes organismos vegetales y animales, siempre en busca de un equilibrio. Y si eso fastidia nuestras recolecciones óptimas, va siendo hora de hacernos algunas preguntas.

Detener la enfermedad
y volver a la salud

¿En qué se convierte una enfermedad fría?

La mayoría de las veces, las personas, los animales, las plantas acaban por resolver sus conflictos biológicos.

Los conflictos menores se resuelven, a menudo, muy rápidamente, en horas tras su génesis, concretamente, porque la situación evoluciona: conflictos de inquietud (el niño no ha vuelto a casa aún), de contrariedad (el jefe se pone borde), de irritación (el marido que se fuma un puro en la cama, la esposa que deja al perro subirse al sofá), etc. En ese caso, el cerebro desencadena la fase de reparación ese mismo día o, a lo sumo, al día siguiente. La persona que comprende que causa y síntoma es un mismo sentimiento y conoce bien su descodificación biológica puede hacer desaparecer un síntoma casi instantáneamente, en el momento en que establece la relación entre él y la emoción vivida con ocasión de un acontecimiento dado.

Los grandes conflictos a menudo son desencadenados por un acontecimiento puntual, único y extraordinario (por ejemplo: «me siento impotente para salvar a mi perro, para sacar al conductor de un coche en llamas», «no volveré a pasear con mi compañero de trabajo, con quien tanta complicidad tenía, porque ha muerto») que no puede resolverse de manera concreta (lo que está hecho ya no tiene remedio). Aunque sabemos que no puede resolverse, se ponen de relieve, bien iluminados de manera automática al cabo de cierto tiempo y aparece un proceso de puesta en fase caliente de reparación, provocando fatiga y síntomas alarmantes. Es el equivalente a una «descongelación automática» de la nevera. La persona que busque un acontecimiento causal, en este caso, no podrá encontrarlo porque el DHS y la emoción son muy anteriores.

Hay otros conflictos que no se resuelven fácilmente: «mi marido me ha dejado por otra», «mi hijo ha desaparecido y quizás esté muerto», «estoy en la ruina», «tengo tres años para recuperarme», «no soy nada», «me han traicionado», «sólo me quedan 4 meses de vida», etc. Para esos grandes conflictos que suelen reactivarse día a día, la enfermedad fría se alarga o se agrava. Una resolución concreta a un conflicto dado no siempre es posible. En ese caso sólo podemos pasar del conflicto, siendo conscientes de lo que pasa (renuncio a este proyecto imposible, acepto que yo mismo rechazo esto, entiendo que amar a alguien no consiste en poseerlo, tengo que rechazar lo que antes acepté, tengo que perdonar, sé que no soy una víctima inocente sino que tengo mi parte de culpa, etc.).

Cuando un conflicto se resuelve, cuando la angustia oculta sale, llega la serenidad. La compensación a través de la enfermedad es inútil y, tras una orden del cerebro, se desactiva o entra en fase de eliminación. En ese momento las manos (y a veces todo el cuerpo) se recalienta y puede aparecer una inflamación o una infección. La normalización de las funciones está en marcha.

Es el segundo descubrimiento de Hamer. En el momento en que el conflicto desaparece, la enfermedad fría se detiene. La cima ha sido coronada y empieza el descenso. Lo más común es que la enfermedad fría desaparezca mediante fenómenos calientes, inflamatorios, infecciosos, con dolores y problemas específicos. La naturaleza ha provisto a los seres vivos de una notable capacidad de regeneración, de eliminación y de fosilización. Es la fase caliente o enfermedad caliente.

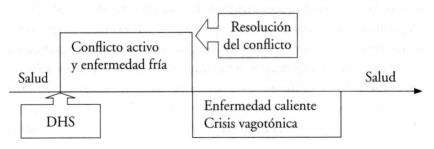

A nivel mental:
La solución ha sido intervenida, el sufrimiento desaparecido, llega la calma.

A nivel del sistema neurovegetativo:
- El conmutador o relé cortocircuitado inicia su reparación, con un edema que suele provocar cefaleas.
- La simpaticotonía cede el lugar a una vagotonía pronunciada. Los sistemas vago, endocrino, inmunitario y todos los trasmisores pueden funcionar como intermediarios entre el cerebro y los órganos.

A nivel del órgano:
La enfermedad, la sintomatología, se activan. Los efectos no son forzosamente tangibles de buenas a primeras, incluso en ocasiones lo que se manifiesta es otro tipo de afección que comienza siendo inflamatoria, caliente y a veces dolorosa o infecciosa, según la naturaleza de la enfermedad fría.

El órgano inicia su reparación, su normalización. Entonces también se produce un edema. Es caliente y doloroso. Puede suceder la eliminación de un tumor por microbios, enquistamiento, calcificación, reconstrucción de tejidos vulnerados por regeneración natural o asistida por virus. Cuando la enfermedad fría ha consistido en un fallo o en un exceso de funciones, la recuperación de las funciones normales se efectúa sin auténtica enfermedad caliente. En el trascurso de la fase caliente puede aparecer una crisis de pusilanimidad, cuando el cerebro expulsa agua en exceso al conmutador del órgano.

Al final de este proceso reparador está la curación. Pero cuidado: una reactivación del conflicto en el curso de esta fase podría hacer la enfermedad crónica. La curación es un proceso natural y normal, no se puede curar lo que es anormal por naturaleza. El cerebro espera que el individuo no vuelva a tener necesidad de compensar la ausencia de soluciones, la falta de acción durante el DHS para normalizar el órgano o la función enfermos.

Coincidencias

Raramente somos conscientes de que los «problemas calientes» (las anginas, los dolores, los resfriados, las infecciones, las inflamaciones, todo lo que acabe en «itis», como la nefritis, la cistitis, etc.) persiguen la serenidad mental. Cuando lo constatamos suele ser para comentar amargamente: «Justo cuando las cosas mejoraban, va y me pongo enfermo».

Es difícil aceptar la idea de que la simple serenidad interior pueda ser el origen de una enfermedad caliente, porque parece poco lógico. Pero, sin embargo, es lo que pasa. Lo real es que ignoramos que tenemos la enfermedad fría, porque es discreta, se oculta.

> *El cerebro desactiva la enfermedad, del mismo modo que la hizo aparecer. El hombre puede, pues, autocurarse; pasa de víctima a actor. La actividad microbiana también está sujeta al cerebro, podemos abandonar nuestros antiguos miedos.*

Las enfermedades son nuestros «comodines», que nos permiten vivir a pesar de nuestros errores analíticos y las desviaciones de nuestro imaginario. No basta con una buena higiene de vida, ni tener una existencia privilegiada para conservar la buena salud; nadie está a salvo de su propia mente y de las memorias angustiosas que pueden reaparecer un día, crear un conflicto y causar una enfermedad.

Ejemplos
La hepatitis de Robert: Robert hizo la guerra en Argelia mientras su hermano dirigía la empresa familiar como le venía en gana. Sentía rencor y sus canales biliares se ulceraron. Al final de su servicio como militar, se reintegró en la empresa familiar y los rencores desaparecieron. Justo entonces surgió la hepatitis, para reparar sus canales biliares. Actualmente es un abuelo con buena salud.

En Argel, Fátima –criada en un entorno moderno– se casó con un chico que la llevó a vivir a un tercer piso compartido con los padres y hermanas de éste. Durante meses, Fátima intentó convencer a su marido para irse a un piso para ellos, sin éxito. Siete meses después de una fuerte disputa al respecto (su marido le juró que nunca dejaría a su familia), Fátima empezó a sentir un hormigueo en las piernas, cansancio y algunos problemas al caminar. Dos años más tarde consultó a un neurólogo que le diagnosticó esclerosis en placas (enfermedad inflamatoria en fase caliente). Creó un nuevo conflicto ante la sola idea de quedarse paralítica y, en los meses posteriores al diagnóstico, empeoró. Entonces entró en conflicto con su enfermedad, y andar se convirtió en algo realmente difícil. En este caso vemos que un nuevo sentimiento encierra a una persona en la cronicidad, impidiendo su recuperación. Una noche, el piso familiar se vio invadido por terroristas y ese nuevo conflicto puso en suspenso al anterior (por no poder crear un nido independiente con su marido), de modo que estuvo un tiempo caminando sin problemas, hasta que los terroristas se fueron. Vemos, pues, el poder operativo del cerebro sobre el funcionamiento del cuerpo. Un conflicto puede eclipsar otro.

El paso a la cronicidad

Un conflicto puede comportar diversos aspectos, diversas emociones, y cuando dichos aspectos esenciales son tratados, la curación puede ser total.

La cronicidad es una enfermedad debida al hecho de que el enfermo se confronta nuevamente al problema causal (su resolución ha sido insuficiente) o a nuevos pequeños conflictos a causa de su propia enfermedad. Nuestra tradicional cultura de la enfermedad hace que, durante la crisis, con sus molestias, perdamos la paciencia e interpretemos el fenómeno muy negativamente. ¡Solemos entrar en conflicto con nuestra propia enfermedad! El miedo a no curarse impide la curación. Al dolor físico, generalmente soportable por más que molesto, se añade el sufrimiento psicológico. Con todo ello, el enfermo tarda más en curarse. Sin embargo, este sistema de compensación con «enfermedades» en dos fases es de gran simplicidad y muy lógico porque está concebido para la supervivencia.

Duración de la fase caliente de reparación

Una máxima latina dice: *Venit morbus eques, suavit abire pedes*, es decir, «La enfermedad viene a caballo y se marcha a pie» (diccionario Larousse).

El edema, la inflamación, la fiebre, la infección llegan velozmente, desde el momento de la resolución del conflicto, pero tardan en desaparecer. Reparar un órgano y su conmutador cerebral requiere tiempo. La duración de la enfermedad caliente dependerá de la naturaleza de la enfermedad fría a reparar, así como de su amplitud.

Solamente cabe esperar… La duración de la fase depende también de los recursos del paciente (su energía, su comprensión sobre lo que le está pasando, su certeza de curarse, la serenidad que lo envuelva). Para que llegue la curación, la fase de reparación de los órganos debe llegar naturalmente a buen puerto, es decir, a cicatrizar. Pero la reactivación del conflicto, o conflictos nuevos, o algunos tratamientos contraproducentes, convierten la sintomatología en algo estable, apareciendo la enfermedad crónica.

En otros casos, las curaciones son inmediatas.

Ahora nos podemos hacer una pregunta sobre una cuestión de fondo: ¿qué es la curación?, ¿la desaparición de un síntoma?, ¿una conversión profunda del individuo que lo pone al abrigo de los conflictos que antes se cebaban con él? ¿Cómo se reconoce una persona con buena salud? ¿Por su capacidad de estar aquí y ahora, a la escucha de los demás, del mundo, sin miedos y sin reproches?

Ejemplos de fases de reparación

El catarro es la fase caliente que reconstruye la mucosa nasal tras la ulceración de la fase fría. La otitis puede ser contemplada como un proceso de vuelta a la normalidad del oído medio, la infección pulmonar como la normalización de los tejidos pulmonares, etc. La hepatitis reconstruye los canales biliares ulcerosos. Una bronquitis es una fase de reconstrucción de la mucosa bronquial. Un eczema es una fase de reconstitución de la epidermis. La tendinitis es la reconstrucción de un tendón. El reuma es la reparación de un hueso o de una articulación.

La tuberculosis pulmonar

El recuerdo de las epidemias infecciosas occidentales recientes, como el cólera, la tuberculosis o la gripe española (al final de la guerra de 1914) ha anclado sólidamente en nosotros la idea de que los microbios son los responsables de tanta desgracia y tanta muerte. Sin embargo, en la actualidad, sabemos que es un conflicto colectivo patente o una emoción colectiva oculta lo que inicia un proceso epidémico. Cuanta más gente haya afectada por el mismo conflicto, por los mismos problemas y las mismas emociones, más fuerte será la epidemia. Los conflictos son colectivos. Pongámonos en la piel de los habitantes de un tranquilo pueblo repentinamente invadido por los vikingos, con su siniestra reputación. ¿Qué debieron sentir? Miedo al terror y la muerte.

Así se inician las fases frías, discretas, de las epidemias. Después, una vez desaparece el peligro, cuando la gente se siente segura, la calma desencadena automáticamente el paso a la fase caliente.

Las epidemias de tuberculosis han afectado, en el pasado, a miembros de nuestras familias, de modo que esta enfermedad merece que nos detengamos en ella un momento. El microbio descubierto por Koch fue acusado de ser el único responsable de las muertes, enfermedad fría que precede a una infección jamás detectada. Sólo los individuos con un conflicto de miedo a la muerte (su propia muerte, la de los seres queridos, la de sus ancestros más amados), o de miedo a la asfixia, y siendo portadores del bacilo de Koch, desarrollarán una tuberculosis pulmonar. Los portadores del bacilo de Kock que no tengan este tipo de conflictos nunca serán tuberculosos.

El proceso es el siguiente:

El «conflicto de miedo a la muerte» o el «conflicto de miedo a que la vida se acabe», incluso el «conflicto de que la muerte sea la única salida posible a un conflicto cualquiera» desencadena anomalías pulmonares que suelen pasar desapercibidas. La respuesta biológica consiste en la creación de alveolos pulmonares suplementarios y diferentes, para un mejor rendimiento, para la mejor absorción de oxígeno, para que el individuo pueda luchar con más fuerza y facilidad.

Después, cuando los individuos se relajan, pasada la tormenta (el peligro ha desaparecido) y el sentimiento de miedo a la muerte desaparece también, los pulmones sólo necesitan una absorción de aire normal. Los alveolos suplementarios deben desaparecer (porque son grandes consumidores de energía) y los bacilos de Koch trabajan a destajo sobre los tejidos ya inútiles, exclusivamente sobre los tejidos tumorosos. Empieza entonces el cuadro de tos, esputos, sudoraciones, fatiga, síntomas de numerosas reparaciones. Esta fase caliente es un período delicado porque creer que esta enfermedad es mortal reactiva el conflicto de miedo a la muerte. Dicha reactivación detiene el proceso infeccioso de la tuberculosis, que aparenta ser una remisión, pero se relanza repentinamente. La parada de la infección se confirma y el individuo se tranquiliza, de modo que la infección de reanuda. ¡Y ya tenemos la cronicidad instalada! El agotamiento que se desprende puede llevar al individuo en fase reparadora hasta la misma muerte, sobre todo si se pierden muchas proteínas a través de los esputos, que no se remplazan mediante una alimentación rica.

Eso es lo que hace que la gente muera de tuberculosis estando a un paso de la curación, por ignorancia, como el corredor de fondo que tropieza y cae a cien metros de la meta.

El miedo a la enfermedad forma un caldo de cultivo del que puede nacer una epidemia.

Alergias, asociaciones defensivas

En el momento de un drama, el cerebro registra una o más informaciones sobre «la escena» del drama. El cerebro memoriza las circunstancias del episodio vivido dramáticamente y establece una relación entre las emociones sentidas y el marco de dichas emociones. ¿Por qué? ¡Porque hombre prevenido vale por dos! El cerebro, en permanente estado de vigilancia, desencadena inmediatamente, una respuesta orgánica, como compensación simbólica al sentimiento de angustia, cuando los elementos del marco escenográfico se repiten de algún modo o son percibidos de nuevo.

Ejemplo: el sentimiento «No soporto verme entre la espada y la pared en una disputa entre mis padres, cuando hablan de separarse», cuando es vivido «a las 4 de la mañana, mientras llueve, es de noche, se huele la lavanda mojada del jardín», da la siguiente ecuación: madrugada + lluvia + oscuridad + olor a lavanda = angustia. Con el tiempo cualquiera de estos elementos, aunque no vayan todos juntos, se repetirá en la vida del individuo y podría desencadenar una reacción orgánica nuevamente: una dolencia fría correspondiente a la emoción conflictiva, seguida de la fase caliente de reaparición sintomática (urticaria, asma, edema, etc.). La intensidad de la crisis alérgica es naturalmente proporcional a la importancia del conflicto programado.

¿Y por qué se tiene alergia al polen y no al pelo de gato, por ejemplo, si ambos elementos estuvieron presentes en el momento de la DHS? Lo más lógico es que el cerebro asocie, preferentemente, aquellos elementos menos habituales en el entorno del individuo. Ruppert Sheldrake explica que los gallos corren a rescatar a las gallinas cuando éstas cacarean de angustia, pero ni se inmutan aunque las vean en la peor situación si están tras un cristal insonorizado y no pueden oírlas (*Une nouvelle science de la vie*, R. Sheldrake, Ed. Le Rocher). Aunque todos disponemos de los mismos cinco sentidos, cada individuo tiene a usar más unos que otros preferentemente (vista, oído, olfato, gusto o tacto). Estamos, probablemente, predispuestos para una preferencia concreta según nuestra historia genealógica. Para el mismo tipo de angustia (por ejemplo, papá abandona a mamá) un niño puede asociar a ésta un olor, otro una canción que suena en la radio, otro el polen de los plátanos, otro el polvo de la casa, otro más la picadura de una avispa, etc. Los elementos presentes en el espacio se convierten, para cada individuo, en estímulos significantes de un momento angustioso.

La alergia al perejil puede tener su origen en la memoria genealógica ignorada de la tentativa de una antepasada de abortar mediante el perejil; la alergia al yodo puede deberse al miedo sufrido durante una caída en el mar abierto. Lo cierto es que ni el polen, ni el pelo de gato, ni ningún otro elemento son las causas objetivas de las exageradas reacciones alérgicas de los órganos, sino lo que significan para cada individuo, en su propia historia vital o en la historia de su árbol genealógico. En el momento en que el alérgeno vuelva a estar presente, la persona revive, inconscientemente, la angustia del acontecimiento vivido con dramatismo y desencadena la reacción. Su cerebro, al que nada escapa, envía una comprensión simbólica de manera ultrarrápida y automática. En la persona alérgica no se puede hablar de conflicto propiamente dicho, incluso puede que esté viviendo el momento en que se repite un elemento asociado con un drama, en un momento feliz y distendido. Pero el cerebro va a lo suyo y pone en alerta máxima al organismo, que reacciona de forma anárquica.

La intención es loable pero es resultado es patético y, en ocasiones, peligroso, pero la alergia no es más que la necesidad imperiosa de curarse de una emoción antigua, escondida, congelada en lo más profundo de uno mismo.

Cada individuo, desde su concepción, recibe un «álbum de recuerdos» de sus ancestros, en los que están grabados los peligros potenciales. Algunas personas heredan, pues, la tendencia a entrar en conflicto con el espacio y el aire, otras con el contacto epidérmico, otras con la noción de tiempo, otras con el espacio y el agua, etc. Por eso no todos desarrollan las mismas alergias aunque compartan memorias de angustias iguales o equiparables. La inscripción de epigenética de los traumas ancestrales juega su papel. En resumen, la gran mayoría de las alergias a agentes identificados o no son debidas, siguiendo la formulación de Jung, a sincronicidades, esto es, a conjunciones de acontecimientos y cosas que no guardan relación de causalidad entre ellos.

Milagro (palabra que deriva del latín *mirus*, sorprendente)

Una vez que sabemos que el conflicto biológico es un pasillo entre la enfermedad y la salud y que la inversión del proceso es posible por lo general, aparecen las curaciones como si fueran «milagrosas» (algunas discretas, otras más vistosas como en Lourdes, las de Jesucristo, las de los apóstoles, las de los médicos, terapeutas y demás sanadores) que son fácilmente explicables. Los milagros más comunes son, de hecho, curaciones de dolencias calientes, es decir, enfermedades que sirven para reparar el organismo cuyo destino biológico es la desaparición de ellas mismas. Esta constatación no desprecia el interés de los protocolos curativos, sin los cuales los enfermos podrían quedarse en un estado de equilibrio inestable entre las fases fría y caliente, en mitad del proceso de reparación o en el curso de una cicatrización.

Más extraordinarias son las curaciones de enfermedades frías, que aparecen tras la toma de conciencia provocada intencionadamente por un terapeuta. Pero cada uno de nosotros, resolviendo tal o cual conflicto, desencadena una reacción biológica que puede parecer sorprendente a ojos de un observador.

Si han tenido lugar acciones quirúrgicas (útiles o superfluas), si se han prescrito tratamientos medicamentosos (útiles, inútiles o indispensables), cuando un ser se cura realmente, de forma duradera, es porque su conflicto se ha resuelto previamente, de modo que las raíces de su dolencia se ven erradicadas. La capacidad de curación siempre está presente en el organismo, pero puede no revelarse por completo dependiendo del enfermo, de sus decisiones, de su sabiduría, de sus posibilidades de ser ayudado, de su capacidad para renunciar a determinadas creencias tóxicas, de su capacidad para vivir el aquí y ahora. La enfermedad puede ser un acicate para que despertemos a la idea de que algo no funciona en nosotros. La enfermedad es el camino más seguro para llegar a ser uno mismo…

«Para el hombre ordinario, el mundo es un campo de batalla, para el investigador es una escuela, y para el hombre despierto es un jardín de juegos».

CHANDRA, SWÂMI,
citado por Eric Edelman en *Jésus parlai araméen*

Las enfermedades son nuestros «comodines»

El deseo de un sistema que pueda ayudar al organismo, de manera ultrarrápida, cuando choca con lo que ya sabemos que es una enfermedad. Sin las enfermedades, que son nuestros «comodines», nuestra esperanza de vida se acercaría, quizás, ¡a la de los insectos! Necesitamos protección, de un equilibrio que consiga los objetivos previstos. ¿Qué más se puede pedir que ser, uno mismo, el portador de miles de sistemas de protección? Tener en sí un ángel de la guarda, más que tener un ángel eventual fuera, es una prueba indiscutible de la inteligencia de la Vida.

Una enfermedad no es sino un órgano que muta (que actúa de forma distinta a como lo hacía antes y que deja de hacerlo como era normal). La rana que se convierte en toro. El toro que se convierte en rana.

Corinne, 33 años, contable. Su jefe la puso de patitas en la calle de golpe y ella se encontró sin recursos, de la noche a la mañana. Vivía con sensación permanente de urgencia. ¡Rápido! ¡Hay que hacer algo rápido! Su glándula tiroides «se desbordó», creando un nódulo que secretaba una cantidad suplementaria de hormonas tiroideas. Corinne se sintió realmente dinámica, animada para buscar un nuevo empleo con eficacia. Sus amigos empezaron a llamarla «Speedy». Su madre también había experimentado situaciones de urgencia vividas con dramatismo.

Annie, 50 años. Es muy madraza, igual que lo fue su madre. Sabe que su hija, que vive en la otra punta de la ciudad, está en peligro constante (su marido le pega con mucha frecuencia), pero no sabe qué hacer para ayudarla. Como no sabe qué hacer, lógicamente, ha desarrollado un conflicto biológico. Así que uno de sus órganos aporta una solución arcaica. El único órgano biológicamente destinado para ayudar a otra persona son las mamas, diseñadas para alimentar a «otro individuo»; simbólicamente, el «otro individuo» puede ser la pareja, los padres, los amigos, etc. De este modo, su mama izquierda empezó a funcionar anormalmente, desarrollando un tumor que compensara su falta de eficacia en auxiliar a su hija, de modo que su angustia pueda disminuir. Ciertamente es una respuesta arcaica, dado que su hija no mamará de su madre. Cuando un órgano aporta una solución, la mente se relaja un poco y Annie podrá seguir viviendo con niveles de estrés más soportables.

Georges, 36 años. Fue despedido tras una reducción de personal, se sentía muy desvalorizado; luego, su novia Paule lo dejó, y su autoestima cayó en picado.

En la naturaleza, la búsqueda permanente de la vía más económica hace que todo lo que resulte inútil desaparezca. Un organismo vivo no puede perder recursos alimentando un órgano que «percibe como superfluo».

Los órganos de apoyo (huesos, músculos, tendones, etc.) son los plomos que se funden cuando el individuo se siente ineficaz, inútil en tal o cual ámbito. Es pues, el órgano simbólico de dicho terreno el que se funde, el que disminuye, se vacía parcial o totalmente de su sustancia. Los hombros son indispensables para actuar, para abrir los brazos y «guarecer a alguien bajo sus alas». Georges se sentía sin valor alguno a causa de los dos episodios dolorosos a los que la gente se adapta «creando anchos hombros»: su organismo economizó energía cesando de alimentar correctamente esos órganos ineficaces e inútiles, que empezaron a «borrarse» con la descalcificación. La energía, el calcio ahorrado, servirían para otros órganos. La enfermedad fría que es la descalcificación de un órgano percibido como inútil permite la supervivencia del resto del organismo durante un conflicto. Todo problema debe encontrar su solución, para conseguir la serenidad, y la vida es posible mientras se espera encontrarla.

Anne-Marie, 47 años. A su abuela la crio en parte una nodriza, en parte su madre. Anne-Marie trabaja duramente, día a día, para sacar adelante a su familia; su hijo mayor es violento y la maltrata de manera habitual. Ella está esquelética, agotada, pero de forma heroica rehúsa denunciar a su hijo. Una tarde, tras una agresión especialmente violenta, sufre una hemiplejia que le afecta al habla, y esto la «salva». Ese infierno al que no puede poner fin cesa gracias a la parálisis. Anne-Marie se esforzaba por asumir la situación y no revelar nada de lo que estaba ocurriendo, pero el quedarse inmóvil, paralizada, hace que todo su entorno reaccione. Sus hijos se enmiendan, una de sus hijas la acoge en su casa y Anne-Marie puede de esta manera vivir una segunda vida, mimada y protegida. El sentido biológico de la parálisis es el de forzar al individuo a ponerse «fuera de peligro» cuando el conflicto biológico está relacionado con un paso peligroso, con una decisión difícil.

Joséphine, 52 años. Fue adoptada al nacer y lleva el apellido de su madre adoptiva; pero luego su madre biológica la recuperó y le puso el apellido del abuelo materno. Su madre se quedó «solterona» para siempre y trabajaba de secretaria y chacha del padre de Joséphine. Ella, que no sabía quién era su padre, rechazaba su nacimiento, no sabía quién era realmente, no encontraba su lugar en el mundo y no conseguía marcar bien su territorio, se sentía entre dos aguas. Durante todos los años del conflicto, su recto se ulceró, porque esta parte del cuerpo se corresponde con la identidad y cargó con el problema del miedo a ser abandonada, de ser dejada en un rincón. Una vez casada, fue propietaria de una preciosa casa y se resolvió su conflicto de identidad («yo no soy como los demás»), su recto se curó, pero aparecieron las hemorroides al tiempo que ella afirmaba su propia identidad. Tuvo que operarse porque las hemorroides son molestas en extremo.

La vida exige que haya siempre una solución para cada problema. Cuando el individuo no encuentra soluciones, cuando no sabe cómo actuar, uno de sus órganos reacciona en su lugar.

Cuatro matices en sentido biológico

Las enfermedades juegan un papel biológico para la supervivencia. Cada una de ellas aporta un plus al organismo en dificultades. Por ejemplo, una ulceración de las arterias coronarias permite un mayor flujo sanguíneo para presentar batalla; la diabetes aporta energía a los músculos; un melanoma o una verruga son protecciones de la piel; la pérdida de memoria a corto plazo evita que se despierten recuerdos dolorosos tras una separación. Ése es el sentido de las enfermedades.

Los órganos son ensamblados lógicos de células diferenciadas. Las células idénticas forman un tejido, y diversos tejidos componen un órgano. Un grupo de músculos se asocia a una mucosa, por ejemplo, y un conflicto que comporte matices diferentes, emocionalmente hablando, afectará a tejidos diversos en la misma región. Igual que podemos distinguir cuatro familias de conflictos biológicos, también es posible clasificar, grosso modo, los tejidos que componen los cuerpos de los seres vivos en cuatro grandes familias de funciones y, en consecuencia, podremos encontrar cuatro grandes familias de sentido biológico a las enfermedades que afectan a los individuos.

1. Los conflictos «vitales»
Metáfora de «la contratación extra»: el viticultor contrata trabajadores temporeros para la vendimia, la fábrica está repleta de pedidos y busca interinos para reforzar el personal fijo.

Sentido biológico de las enfermedades: los tejidos concernidos por ese tipo de conflictos desarrollan tumores, masas suplementarias de células que aporten una capacidad extra de trabajo (el adenocarcinoma de pulmón para oxigenar mejor la sangre, el del hígado para aprovechar todas las reservas, el de próstata para adaptar mejor el esperma al tracto genital femenino y optimizar las oportunidades de reproducción).

2. Los conflictos de protección

Metáfora del «vello de supervivencia»: durante el verano los caballos tienen una suave capa de pelo sobre la piel pero, a la que llegan las primeras señales del invierno, éstos se cubren de una espesa capa de vello protector.

Sentido biológico de las enfermedades: los tejidos concernidos por estos conflictos también desarrollan tumoraciones, masas suplementarias de células que constituyen una protección extra y más eficaz (melanomas, verrugas, cáncer de peritoneo, de pleura, el bronceado mismo, etc.).

3. Los conflictos de desvalorización

Metáfora de la «desaparición de los molinos de viento»: cuando la energía eléctrica llegó al campo, los molinos de viento fueron remplazados por motores eléctricos, más fáciles de usar. Entonces desaparecieron del paisaje, rápidamente, los molinos de viento que fueron desmontados y reciclados. Mantener una cosa percibida como inútil es un lujo prohibitivo.

Metáfora de la «poda de las ramas»: cuando un árbol tiene demasiadas ramas, llega el vecino de al lado y pide que lo poden; entonces modelamos el árbol para evitar, por ejemplo, que salgan frutos altísimos o para que no dañe el tejado de la casa. Las ramas percibidas como inútiles, superfluas para el cerebro humano, serán eliminadas en el proceso de la poda.

Sentido biológico de las enfermedades: los tejidos concernidos por este tipo de conflictos (huesos, músculos, tejido conjuntivo, cartílagos, vértebras, tendones, ligamentos, etc.) pierden sustancia, densidad, van desapareciendo total o parcialmente (osteoporosis, leucopenia, desaparición de cartílagos, trombopenia, pérdida de masa muscular, atrofia, etc.) cuando el individuo se desvaloriza porque se compara con otra persona, en algún ámbito concreto o ante las expectativas de conseguir un objetivo.

El cerebro suprime entonces una parte o la totalidad del órgano concebido por la evolución para conseguir un objetivo. Mantener un órgano que se percibe inútil o ineficaz es antinatural. Así, éste empieza a irrigarse menos, a nutrirse menos, y puede llegar a desaparecer o dejar de funcionar por completo.

Pensemos en la osteoporosis, por ejemplo, de los astronautas. La disminución de la utilidad de sus esqueletos (debida a la desaparición de las tensiones mecánicas habitualmente sufridas por los huesos en espacios con gravedad) desencadena la desmineralización de éstos.

Por ejemplo: una señora se desvaloriza por haber perdido su antigua habilidad manual para bordar, otra que ve cómo sus padres niegan la mano a su marido. Ambas tendrán patologías articulares en los dedos de las manos.

El clan forma una entidad «viva», un racimo de individuos. Cada individuo del racimo se siente poco eficaz y parte de su estructura –en ocasiones, toda– cesa de mantenerse en forma. Los nutrientes ahorrados se ponen a disposición del resto del clan.

4. Los conflictos de relación y de territorio

Metáfora del «dragado de ríos y canales»: para que pase más agua por el lecho de los ríos, los hombres excavan, los dragan para permitir al agua pasar en mayor cantidad.

Sentido biológico de las enfermedades: los tejidos concernidos por los conflictos de territorio se ulceran para permitir el tránsito de fluidos, aumentar capacidades, acercarse a otros disminuyendo las paredes y fronteras. Estas enfermedades «acortan distancias y duraciones» (úlcera de estómago, de vejiga, del cuello del útero, etc.).

Metáfora de la «carrera hacia las estaciones deportivas de invierno»: cuando llega el momento de las vacaciones de invierno, la demanda de trasportes es tal que RENFE multiplica el número de trenes y aumenta el número de vagones para que los usuarios puedan irse a esquiar. En el resto del país, hay menos vagones en circulación.

Las averías o las disfunciones de las glándulas endocrinas (producción de insulina, de glucagón, moléculas mensajeras) organizan disposiciones circunstanciales de sustancias para estimular o inhibir acciones varias.

Metáfora de «la compañía de guías y sherpas»: cuando diversos episodios dramáticos tienen lugar, los guías no quieren salir a la montaña ni hacer excursiones. Esperan condiciones climatológicas más adecuadas.

Sentido biológico de las parálisis sensitivas o motrices: llevan a la privación del movimiento o de la percepción cuando un movimiento o percepción parecen ser dramáticos. Una esclerosis en placas pone al individuo fuera de juego y obliga a su entorno a ponerse en su lugar.

> *Tras haber descubierto que la enfermedad sobreviene tras una emoción angustiosa, sin importar cuándo, puede desaparecer si se elimina la angustia olvidada, quizás, y se empieza a comprender que sólo se trata de una compensación simbólica y biológica.*

La enfermedad también es una invitación

La metáfora del «bulbo del tulipán»: de manera cíclica, cada primavera, en el jardín, tallos verdes aparecen en el suelo. Es solamente entonces que el bulbo del tulipán, invisible porque está enterrado, señala su existencia y localización exacta. Este fenómeno, secularmente repetido, tan natural, puede recordarnos que la materia perceptible, visible, es sólo la expresión de lo invisible (una historia, memorias genéticas y epigenéticas). Nuestros síntomas visibles son, también, la expresión visible de nuestras angustias y malestares.

Todas las enfermedades se deben a conflictos biológicos

Ésta es una puntualización frecuentemente formulada: «una tendinitis consecuencia del tenis es debida a que se juega al tenis y eso es mecánica ¡no física!». Sí y no, porque no todos los que juegan a tenis padecen tendinitis forzosamente, por tanto hay una gran diferencia. Una tendinitis es debida a un conflicto de desvalorización por no poder conseguir inmediatamente un objetivo (el cual se habría conseguido justo con el miembro concernido), por ejemplo durante una competición. Es el conflicto del jugador el que desencadena el proceso que lleva a la tendinitis. Si consigue jugar en otro estado anímico ¡no habrá patología del tendón!

Ésta es otra cosa que se oye a menudo:

«¡Desde que metí al niño en el colegio, siempre está enfermo! Es que coge todos los microbios de los otros niños». Sí y no. Si todos los niños cogieran la misma enfermedad al mismo tiempo, significaría que todos resuelven el mismo conflicto existencial, al mismo tiempo.

Los microbios permiten un cierto tipo de reparación de los órganos, pero no son los que desencadenan la dolencia. Generalmente, unos cuantos niños permanecen sanos, no se infectan, bien porque ya lo hicieron antes, bien porque lo harán después. Esto ocurre con la etapa de la guardería, con su ambiente, con esas «mamás colectivas», con actividades colectivas, que pone a los niños en fase entre ellos, al menos entre la mayoría. El niño experimenta en esta etapa de su vida conflictos de separación, de territorio (¡ese juguete es mío!), no puede expresarse, pierde contacto con la mamá, experimenta rencor, no oye la dulce voz de su madre cuando la necesita, se vuelve muy receptivo al estado anímico que lo envuelve y, al final, acaba resolviendo sus conflictos. Cuando los ha resuelto, su cerebro desencadena la fase caliente de reparación, que echa mano de los microbios puestos a su disposición en las aulas de la guardería.

Las enfermedades clásicas de los párvulos son incuestionables, acompañan la evolución del niño, señalan que son capaces de resolver sus conflictos (pena por tener un nuevo hermanito, por no tener tanto contacto con la mamá, etc.) y se individualizan aislándose de lo que, fuera de él, parece ser él.

El catarro

El catarro es una patología frecuente, así que me parece interesante desarrollar el tema. El lector podrá verificar la exactitud del proceso.

La nariz sirve para cosas diversas, introducir aire, filtrarlo, calentarlo, llevarlo hacia las células olfativas, encontrar el origen espacial de un olor (por ejemplo encontrar el pezón de la madre), sirve para exhalar, para impresionar a otros, para analizar el entorno a distancia, etc. Los conflictos biológicos que conciernen a la mucosa nasal tienen relación con estas funciones. Los humanos estamos naturalmente mal armados (en comparación con leones, tigres, cocodrilos, águilas, serpientes, etc.), la supervivencia juega un rol más importante para su supervivencia que el combate mismo. La mucosa nasal conduce aire hacia las células olfativas. Regula el volumen de aire y forma parte del sistema de advertencia del individuo: quién ha estado ahí (quién ha pasado antes que él por ese camino), de qué sexo es el individuo que se acerca, qué es lo que se acerca (oler el peligro, percibir fuego o un gas tóxico, la presencia de animales, de orina, de vino, de tabaco, etc.). La esposa y los hijos de un alcohólico utilizan la nariz para saber si éste ha bebido y en qué cantidad, para saber hasta qué punto tienen que protegerse de un eventual arrebato violento.

Algunos olores son agradables porque se asocian, para cada uno de nosotros, con recuerdos de momentos felices. Por el contrario, si nuestro cerebro ha relacionado un olor concreto con una experiencia pasada, negativa (como se explicó en el punto de las alergias), dicha asociación podrá desencadenar una respuesta nasal al estrés.

Ejemplo de una ecuación: olor a éter = (operación de amígdalas + estar solo sin los papás + dolor de garganta + miedo). Después, el menor olor a éter, por lejano que sea, activará la angustia debida al recuerdo desagradable del acontecimiento pasado; la mucosa nasal que estaba adormecida, se ulcera.

Y es que la solución arcaica para estar informado sobre la llegada de peligros (crecida de un río, el niño que no ha vuelto aún del cole, robos violentos en el barrio, hombre que parece perseguirnos, relación sentimental angustiosa, falta de dinero, salario que se retrasa o se recorta, miedo al dentista, verse obligado a aceptar influencias, etc.) o cuando resulta vital «olfatear» oportunidades para salir adelante, para los negocios, etc., consiste en dar a las mucosas la orden de ulcerarse: de ese modo permitirán un mayor paso de aire que informe a las células olfativas. Cuando el conflicto está ya resuelto, la rinitis repara la mucosa nasal, ayudada por los virus.

Los hombres tienen la necesidad de contar con un territorio, una zona exclusiva que sientan suya y, cuando este perímetro de seguridad se reduce, sienten malestar, inquietud. Sólo hay que ver lo mal que nos sentimos cuando estamos en un ascensor abarrotado y nos vemos como sardinas en lata, con nuestros perímetros de seguridad violados. Un sentimiento de inquietud, más o menos intenso, más o menos consciente según cada persona, aparece cuando el cerebro hace el inventario de experiencias similares, asociadas a olores parecidos. Entonces, cuanto más cotidiana sea la inquietud, cuanto más habitual, menos posibilidades tiene el individuo de darse cuenta de ella... Y acusará su catarro a la presencia de virus en el autobús, en el metro o en el ascensor, a pesar de que muchas otras personas en el mismo autobús, metro o ascensor no se acatarran, sea porque no experimentan el mismo conflicto o porque lo viven con menor intensidad.

Epidemias y otras enfermedades

Las inquietudes colectivas están en el origen de las epidemias, catarros, gripes, bronquitis, por citar algunas de las más anodinas. Cuando se acaba el año, el día dura menos y el alejamiento del sol simboliza el alejamiento del padre, máximo protector. Entonces la gente se inquieta sin darse cuenta y crea conflictos internos. En cuanto los días se alargan, el espectro de la muerte se aleja. Los conflictos se resuelven de manera inconsciente y aparecen las fases calientes. Otros factores de serenidad (final de huelgas, conflictos peligrosos para el país, fiestas y festejos de celebración del fin de los conflictos) pueden ser determinantes.

La epidemia mundial de gripe española (que dejó de 10 a 25 millones de muertos, según la fuente consultada) empezó en abril de 1918 y acabó en 1919, con la calma que siguió a la guerra. Se llevó más gente que los campos de batalla porque el conflicto de la gripe es el miedo a perder el territorio o la reputación. La gripe asiática (que causó 18.000 muertos en Francia, de los cuales el 80 por 100 eran mayores de 65 años) comenzó con las agitaciones de mayo del 68 y la población percibió que la estructura de la sociedad no había cambiado y que sus logros (sistema de pensiones, por ejemplo) estaban a salvo.

Las plaquetas sirven para coagular, los problemas con las plaquetas de la sangre están relacionados con la cohesión del clan. Si una persona siente carencias o excesos de cohesión en su clan, una anomalía en el número de plaquetas compensará su angustia.

Una mujer ignorada o, al contrario, demasiado solicitada por su pareja, puede crear un conflicto de dependencia sexual que le afecte negativamente al cuello del útero.

La osteoporosis de la mujer menopáusica es una desmineralización del hueso debida a un conflicto de desvalorización. «Ya nunca podré tener un hijo», «mis hijos se van de casa», «ya no soy una mujer deseable», son los sentimientos que originan esta enfermedad. El órgano percibido como inútil (la pelvis, la cuna de los bebés, por ejemplo) tiende a desaparecer, le salen agujeros, se sacrifica en beneficio del resto del organismo. El cuello del fémur se descalcifica cuando la persona se opone a algo en lo que está obligada a ceder (me opongo a mis hijos que quieren llevarme a una residencia de ancianos, por ejemplo). La osteoporosis no está, por lo tanto, directamente causada por la menopausia, sino por las emociones que puede experimentar la mujer a partir de ésta.

Las migrañas son compensaciones simbólicas cuando no se encuentran soluciones racionales para recuperar o mantener un bienestar relativo y se busca revivir algún momento de la historia familiar para analizar la situación.

La amnesia selectiva. Una señora se sorprendía al no ser capaz de recordar el nombre completo de un pueblo donde había estado de vacaciones. Recordaba que era algo como Villenueve-sur-_____, pero cuanto más intentaba recordar menos le sonaba. Se trataba de Villeneuve-sur-Lot. Le pregunté si, en algún momento de su vida, había comido lota[2] y si, cuando lo hacía, había pasado algún acontecimiento dramático. Respondió que su exmarido la instaba a menudo a cocinar

2. Por paranomasia con «Lot». *(N. de la T.)*

lota. Resulta, así, que su cerebro relacionaba la lota con momentos desagradables y estresantes de su antigua vida de casada.

Problemas de comportamiento

El Dr. Hamer nos ofreció otro regalo: reveló la etiología de ciertos problemas de comportamiento. La locura es un estado cerebral muy particular que se instala cuando coexisten determinados conflictos biológicos. Un conflicto biológico en un estadio cerebral en el que se añade otro conflicto biológico, en el mismo estadio pero en el hemisferio opuesto, forma una «constelación biológica» que desencadena inmediatamente un problema de comportamiento ¡y no enfermedades orgánicas!

Los órganos no son solicitados, el cuerpo está salvaguardado, la compensación es comportamental. La presencia simultánea de dos conflictos en el mismo plano cerebral ¡es demasiado! El individuo con uno a más conflictos biológicos en el mismo estadio está en un lugar «perdido». Una constelación requiere una solución comportamental, actos externos. Una «superpersonalidad» implica rarezas, comportamientos nuevos y extraños, es la resultante de dicha constelación, en que el individuo accede a otra dimensión que le evitará ponerse enfermo y desarrollar cánceres de todo tipo. La sociedad, el entorno, pueden rechazar sus delirios, desde luego, que son muy reveladores de lo que es la humanidad.

Un conflicto de rencor (con afectación en la vesícula biliar) y un conflicto de identidad (con afectación del recto) forman una constelación en el córtex que entrañará un comportamiento violento. El individuo puede, quizás, resolver sus problemas mediante la violencia allá donde su serenidad y su dulzura habitual fracasan.

Un conflicto de urgencia y un conflicto de miedo frontal comportan letargia, delirios místicos (que permiten evadirse). Un conflicto de deshonra y un conflicto de nido comportan vacío emocional (ausencia de emociones, indiferencia) que permiten actuar con mucha sangre fría, sin afectos.

El descubrimiento de estas constelaciones biológicas permitirá a la psiquiatría hacer, también, su propia revolución. La observación clínica y el examen con escáner del cerebro enfermo indicarán, entre todos los conflictos biológicos de la persona, aquel o aquellos que deben ser urgentemente resueltos.

Nadie se vuelve loco para siempre, la locura dura tanto como activos permanezcan los conflictos.

«Para los griegos, la locura no era una tara psicológica que priva del discernimiento, sino todo lo contrario. Era una capacidad superior de discernimiento».

SERBE TRIBOLET, *La folie, un bienfait pour l'humanité.* Éditions de Santé.

Aldo salió de prisión, había sido condenado por agresión con arma blanca. Se le impuso una terapia y, cuando su asistente social me lo presentó, estaba muy excitado, amenazaba con golpear por la calle al primero que se pusiera en su camino. Yo no tenía más información sobre él que el motivo por el que había sido condenado. El comportamiento del cualquiera que uso un cuchillo contra otra personas está comandado por una constelación cerebral de, por lo menos, dos conflictos biológicos simultáneamente activos: un conflicto de identidad (córtex izquierdo) y un conflicto de «rencor en el territorio» (córtex derecho). Su cerebro debería presentar, pues, con casi total probabilidad, estos dos focos. Sentados con unos cafés a la mesa, le expliqué una historia, inventada, sobre una persona que había tenido la misma vida que él, insistiendo mucho en las emociones de rencor y de identidad. La historia dio en el blanco y Aldo se puso como un tomate. Le subió la fiebre y le entró un fuerte dolor de cabeza. ¡En pocos segundos se desestabilizó! Enseguida me di cuenta de que se había trasformado, se volvió amable y dulce. Dos años más tarde lo recibí. Vino a darme las gracias y a explicarme que se había hecho camionero y que todo le iba la mar de bien.

Comodines ¿muletas o regalos del cielo?

Los científicos, hasta la fecha, han salido airosos a la hora de explicar el funcionamiento biológico del organismo, el metabolismo, las modalidades de cáncer, lo que pasa durante una infección, las relaciones entre los órganos y el sistema endocrino, los intercambios iónicos, las despolarizaciones de membranas, etc. Pero hasta los años ochenta, no habíamos sabido responder a la pregunta «por qué», por qué el cáncer, por qué (con qué sentido) tal persona desarrolla un cáncer de recto y otra desarrolla una mucoviscidosis bronquial. La enfermedad forma parte de un sistema coherente que permite una superhomeostasis, es decir, el mantenimiento de la vida del individuo en su entorno interior (su álbum de recuerdos, sus creencias) y exterior (la sociedad y sus leyes). Es la muleta que resulta de diversas presiones reales, imaginarias o simbólicas en el cerebro humano.

Las correlaciones entre conflictos y enfermedades que están presentes en este ensayo han sido constatadas por decenas, centenares e incluso miles de veces, en el caso de las corrientes. La prueba de su exactitud viene dada por la presencia de un foco cerebral en el lugar correcto y, sobre todo, por la curación del enfermo, que se inicia en el momento preciso en que aparece la resolución de su conflicto (o en el instante en que toma conciencia de sus propias emociones y sentimientos).

La enfermedad es un comodín, unas muletas y un regalo del cielo, al mismo tiempo.

«Si sabes cómo sufrir
serás capaz de no sufrir».

Actos de Juan,
Nuevo Testamento

El cáncer elucidado

Un tumor siempre juega un papel

Los tumores, los cánceres, son percibidos como procesos anárquicos, privados de un plan prestablecido, sin sentido alguno, entregados a ellos mismos. Sin embargo, esta interpretación –porque es una sola interpretación– supone que la naturaleza se vuelva loca por momentos, que tiene arrebatos antinaturales. Si la gente acepta esta hipótesis es porque se permite «ir a la contra» en lugar de «ir con». Es más fácil dividir la realidad en dos, lo bueno por un lado y lo malo por otro, discernir en cuanto a la perfección del mundo en cada cosa. Con los ojos clavados siempre en el síntoma visible y nunca en la causa invisible, creen en la corrupción de la vida, se sienten desnudos y frágiles... Así, sólo se busca una protección poco útil. Y se muere de miedo.

Todo es adaptación

El organismo siempre está en busca del equilibrio, como el ciclista busca miles de soluciones (musculares, nerviosas...), inconscientemente, para no caerse de la bici.

La etimología de la palabra síntoma es «coincidencia». Un síntoma, sea de cáncer o de otra cosa, coincide perfectamente con lo que vive el individuo. La orden para desarrollar un cáncer siempre viene dada por el cerebro, hacia las células concernidas, mediante un sistema de comunicación perfectamente elaborado (La comunicación mente-gen descrita por E. Rossi en su libro *Psychobiologie de la guérison*, en ed. Le soufflé d'Or).

Como todas las anomalías que puede «producir» un organismo vivo, el cáncer compensa un desequilibrio provocado por una carencia. Carencia imaginada que comporta la imposibilidad de actuar con raciocinio en el momento que sería oportuno hacerlo. Pero hay una especificidad suplementaria porque adapta el organismo para el futuro. Un tumor es un suplemento para un órgano (que intenta hacer del individuo una especie de superhombre) cuyo sentido es adaptarse simbólicamente, biológicamente, a los problemas que el individuo cree que tiene que enfrentar en su vida. Si se comprende este extremo, resulta evidente que la desaparición de tal compensación pasa por toparse y percibir la realidad objetiva y, con los recursos propios, levantar la inhibición que detiene la acción durante los acontecimientos venideros. Se trata de remplazar un fantasma por la realidad. Se observará, efectivamente, que toda persona que desarrolla un tumor ha sido objeto de una derrape, de un resbalón de la realidad hacia una interpretación de la situación y del papel que debe jugar en el seno de su entorno.

> *Una célula que se canceriza*
> *es una célula que, tras haber seguido*
> *clases de perfeccionamiento,*
> *se hace más eficaz*
> *para cumplir con su misión.*

Inteligencia en lugar de anarquía

Todos los tumores de la fase fría que «crecen» sobre tejidos idénticos se juntan, todos tienen la misma forma e igual organización: se vascularizan y se convierten, de este modo, en auténticos órganos complementarios eficaces en extremo que pueden, según su naturaleza, secretar mejor o absorber mejor, etc., pero siempre de la misma manera, en todo el mundo, también animales y plantas.

Eso es lo contrario de la anarquía, es obediencia a un plan predeterminado.

Si fuera anarquía, el tumor en la glándula mamaria de una japonesa no se parecería al tumor mamario de una inglesa que vive en la otra punta del planeta. Sin embargo, no sólo la división y multiplicación celular llevan a la misma bola dura sino que además se envuelven de una red de vasos sanguíneos que lo mantendrán como si fuera realmente un «órgano nuevo». Se trata de una organización análoga a la de los órganos de origen. Si es analógica no es anárquica.

Un ligero conflicto biológico por «no poder eliminar un acontecimiento cualquiera, cualquier episodio vivido como una traición», por ejemplo, produce un tejido intestinal ligeramente diferente y ligeramente invasivo, mientras que un conflicto importante o duradero producirá en el intestino células para formar un tejido mucho más invasivo. Es la intensidad y la duración del conflicto lo que determinará el tamaño de un tumor.

Cuando el conflicto se soluciona o queda en suspenso, dichos tejidos cancerosos frenan su crecimiento. Los que han tenido un cáncer y se han curado de manera natural o con la ayuda de tratamientos se han curado porque su conflicto ha sido previamente resuelto, tanto si han sido conscientes de la correlación como si no lo han sido. ¿No habría que rebautizar esas proliferaciones? Cualquier cosa menos desesperante que «tumor».

La teoría de la diseminación del cáncer fue mortífera

«El cáncer no sería nada si no tuviera esa tendencia a generalizarse», dicen los oncólogos. Para explicar de manera casi plausible el hecho de que, a menudo, aparecen otros cánceres tras el primero, se acepta —entre todas las hipótesis imaginables— la idea de que las células cancerosas escapan del cáncer original y contaminan otros órganos. Si bien se pueden observar, efectivamente, células cancerosas errando por los vasos sanguíneos o por los espacios intersticiales, jamás nadie ha constatado tal fenómeno de contaminación. Aunque no esté fundada, esta hipótesis fue ampliamente aceptada simplemente por ser plausible. Esta hipótesis, que presenta similitudes con la contaminación microbiana entre individuos o con la superstición (donde la naturaleza contagiosa de los tabús y los amuletos está a la orden del día), fue fácilmente aceptada.

Pero la realidad es mucho más sencilla.

Una persona que tiene diversos conflictos biológicos desarrollará más cánceres para resolver sus problemas. Su cerebro apela a los órganos competentes para resolverlos (arcaicamente, claro está). Cada nuevo cáncer es la solución orgánica a un conflicto nuevo. A menudo, es el anuncio del diagnóstico del cáncer (o de cualquier otra enfermedad pretendidamente incurable) lo que provoca uno o más conflictos biológicos nuevos. Gracias a ellos y al desarrollo de nuevos cánceres que aparecen con el anuncio de tan terrible diagnóstico, el enfermo no se muere. Está en modo supervivencia. Algún tiempo más tarde se constatará, porque la persona tiene un seguimiento radiográfico regular, la presencia de nuevos cánceres. Sin embargo, no hay contaminación alguna a partir del cáncer primitivo. A nuevos conflictos, nuevas respuestas.

Así, si cuando se anuncia un diagnóstico de cáncer el sentimiento es: «Tengo miedo a morir», seguramente se desarrollará un cáncer de pulmón.

Si el sentimiento es: «No somos nada», las vértebras se descalcificarán e incluso llegarán a romperse.

Si el sentimiento es: «¿Qué será de mis hijos?», la mama izquierda desarrollará un cáncer en las mujeres diestras.

Si el sentimiento es: «¿Moriré de inanición cuando me quiten parte del intestino», será el hígado el que desarrollará un cáncer.

La metástasis

Todo está dentro de todo, cada célula del cuerpo contiene los genes de todas las otras partes del cuerpo, la clonación nos lo recuerda.

Las metástasis son tumoraciones a base de células que adoptan una identidad, una competencia con las nuevas y no el resultado de una contaminación. Un director de empresa y un fontanero pueden, durante el fin de semana, ejercer eventualmente como jardineros, cocineros, canguros de bebés o chicos de la limpieza con su mocho y su plumero.

Es la complejidad de un sentimiento lo que provoca una metástasis a partir de un tumor simple y bien localizado. La metástasis es la resultante de dos sentimientos mezclados en el momento de un DHS. Si el sentimiento es: «Necesito a mi madre cerca», algunas células óseas (las del apoyo y sostén) se convertirán en células galactógenas como para aportar leche y calcio, simbolizando el amor maternal. Si el sentimiento es: «Tengo que vivir intensamente el tiempo que me queda», habrá metástasis en el pulmón: células pulmonares (encargadas de aportar oxígeno) mutan y se vuelven tiroideas (para ayudar a dar velocidad a un deseo de vivir antes de que llegue la muerte).

A menudo, los exámenes revelan metástasis cuando no se ha encontrado el cáncer primitivo. ¿No es éste un buen argumento? Un tejido puede hacer (gracias a una estimulación de los genes adecuados) células diferentes. Dicha estimulación viene del cerebro. Las correlaciones psico-cerebro-orgánicas son muy poderosas, y operan en la célula a través de sentimiento. La prueba es la desaparición de las metástasis tras una descodificación precisa.

La prueba por imágenes cerebrales

Cada órgano que desarrolla un cáncer tiene su conmutador cerebral cortocircuitado. Si una persona tiene varios cánceres al mismo tiempo, en la imagen del escáner tendremos seis conmutadores en cortocircuito. En mil personas que desarrollen los mismos seis cánceres en el mismo sitio, las mil tendrán sus conmutadores cerebrales correspondientes cortocircuitados, estando éstos ubicados en los mismos lugares del cerebro en cada ser humano. Si las células cancerosas migran aleatoriamente para contaminar otros órganos ¿podríamos encontrar sistemáticamente cortocircuitos siempre en las mismas áreas cerebrales? No. La «generalización» es debida a múltiples miedos y a nuevos conflictos biológicos.

¿Y de qué nos morimos?

Si el cáncer es un sistema de supervivencia ¿cómo es que tanta gente se muere de cáncer? El cáncer, como cualquier otra enfermedad, proporciona un tiempo de vida suplementaria al individuo. Evita la muerte inmediata del organismo, en el momento de la aparición de un conflicto. El individuo, por tanto, tiene un cierto tiempo extra para resolverlo. Pero si el individuo no resuelve el conflicto o lo hace demasiado tarde, su cáncer puede haber alcanzado proporciones realmente grandes y la fase infecciosa de reparación, si llega, puede que sea insuperable por el individuo. Hay, ciertamente, un punto de no retorno que no hay que pasar. El cáncer permite la supervivencia pero el individuo también puede llegar a la muerte. Demasiada agua es mala, demasiado sol es malo, demasiada comida es mala. Demasiado conflicto también.

No obstante, no suele ser el cáncer lo que provoca la muerte: el miedo (debido a creencias negativas al respecto) suele ser responsable, en gran parte, de los decesos. El factor psíquico juega un importante papel: una persona que cree que lo tiene todo perdido, que piensa que nada ni nadie puede ayudarle, es una persona que renuncia. Se sugestiona, espera la muerte y la encuentra; su proyecto se hace realidad. Puede que desee morir para no ocasionar problemas a sus seres queridos. El poder del pensamiento es tal que una agravación del sufrimiento, debido a edemas de reparación, dolores, infección microbiana, percibidos como signos negativos de empeoramiento, pueden llevar a la muerte. La fatiga mental y física, debida a la desnutrición, a las molestias o a conflictos no resueltos, al efecto perverso de la hospitalización y la dependencia de los pronósticos pesimistas, a renunciar al entorno médico, conducen a la muerte con más rapidez que la enfermedad misma.

El miedo a la cosa

El miedo a una enfermedad puede facilitar la aparición de ésta. Lo que se imagina mucho va ganando peso. Quien cree que tiene un hígado enfermo (porque varias personas de su familia han muerto del hígado, por ejemplo) puede contribuir a volver crónica una pequeña dolencia. ¿Por qué? El cerebro «sabe» quién es el verdadero enemigo del hombre: su miedo. Para la naturaleza y, por lo tanto, para el cerebro biológico (pero no para el psicológico), el cáncer o cualquier otra enfermedad es una solución, no un problema. El problema, por el contrario, es el miedo que se puede tener, con sus nefastos efectos neurológicos, hasta el punto de parar el corazón por arritmia, sobredosis de sustancias neurotrasmisoras. En consecuencia, para evitar la muerte habrá que hacer de todo para impedir que nos invada el miedo o, al menos, conseguir disminuir su intensidad. ¿De qué medios dispone el cerebro biológico neurovegetativo para ello? No puede contradecir las informaciones que vienen del cerebro psicológico (lo que se cree sobre una enfermedad o sobre una debilidad congénita, por ejemplo), que es como un señor feudal, para suprimir el miedo. Lo único que sabe hacer es actuar sobre las células y puede dar la orden de reactivar el desarrollo de una enfermedad.

En efecto, todo el que cae deja de temer caerse. Andamos fácilmente sobre una tabla estrecha colocada en el suelo y nos caemos o nos quedamos petrificados cuando la tabla está a cierta altura, por la idea que nos hacemos en cuanto a la dificultad. El miedo nace de lo desconocido, de la ignorancia, que invita al individuo a forjarse toda suerte de representaciones fantasmagóricas de sus síntomas. Contemplamos entonces variables como la herencia genética, el estrés, la contaminación, la mala suerte y todo tipo de enemigos. Sin embargo, el cáncer, como todas las enfermedades, obedece al cerebro. Cree que el conflicto está activo, se detiene, oscila entre el estancamiento y el ligero crecimiento cuando el conflicto está en suspenso, en equilibrio, y desaparece o se fosiliza cuando el conflicto se acaba o se supera (cuando el sentimiento desaparece).

Comprender que un cáncer es una simple adaptación debida a un sentimiento, que está continuamente bajo el control cerebral y que puede detenerse su desarrollo e incluso hacerse desaparecer porque ya no es útil, expulsa el miedo. El hombre canceroso toma entonces las riendas de su propia curación.

«El cáncer es una ilustración del poder de la vida».

PR. LUCIEN ISRAËL, oncólogo clínico,
durante una conferencia en Sophia Antípolis

Los amigos microbios

Desde el descubrimiento de su existencia, los microbios han sido considerados los responsables de muchas enfermedades y se han considerado sospechosos de causar numerosas muertes. Pero un microbio no es ni una cosa ni otra, a lo sumo es responsable de cierta forma que puede adoptar una enfermedad.

Portadores sanos

El análisis de una muestra de mucosa de la garganta de cualquiera de nosotros, actualmente, pondrá de manifiesto la presencia de microbios diversos, a pesar de que gocemos de buena salud. Somos, durante toda la vida, portadores sanos de millones de microbios que no nos producen ninguna infección.

En los casos de epidemias, las personas «importadas» para curar (médicos y enfermeras) no tienen los mismos sentimientos que la población afectada y no caen enfermos aunque estén en contacto con los microbios causantes de la infección. A nuestro alrededor, podemos constatar que de cien personas que estén en contacto con la gripe, sólo tres u ocho o cincuenta quedan infectados. Contaminación no significa infección. Entonces ¿cuál es la diferencia? ¿Qué hace que un portador sano, un seropositivo con buena salud, por ejemplo, desarrolle una infección, es decir, que entre en la fase caliente? ¿Es la caída del sistema inmunitario?

Eso se ha creído tradicionalmente. Pero ¿qué más? ¿Por qué iba a haber un funcionamiento del cuerpo ilógico, insensato, maligno y nocivo?

Desde que aparece el interés por el impacto de los conflictos (y de sus sentimientos asociados) sobre el organismo, que se tiene en cuenta en el desarrollo de los fenómenos, nos hemos dado cuenta de que el sistema inmunitario nunca falla. Es como debe ser, hace lo que tiene que hacer cuando es necesario adaptándose al paisaje interior (la memoria, los sentimientos) y a la realidad exterior. Si las defensas inmunitarias son débiles, es debido al conflicto; si las defensas son excesivas, también es debido al conflicto. El sistema inmunitario es un lugarteniente que obedece y da órdenes, es la interfaz entre la tropa de microbios y el comandante que es el cerebro. Cuando el cerebro da una orden a los microbios para que efectúen un trabajo es porque el individuo se ha deshecho de su conflicto de algún modo, porque se dedica a otras cosas, porque —como explica Thomas-Lamotte— ha pasado página. Los microbios sólo se activan en los tejidos alterados por un conflicto. Algunos destacan en la eliminación de cuerpos extraños (astillas, arenilla, etc.), otros (como los hongos y microbacterias) parecen ayudar simbólicamente al individuo que no evoluciona bien, ayudándolo a pasar de un estadio a otro. Los virus interfieren en la renovación celular de ciertos tejidos, modificando los planes iniciales para adaptar un órgano a un eventual resurgimiento del conflicto. Entre los diferentes microbios del que el individuo es portador, sólo los que son capaces —por sus características intrínsecas— de compensar o calmar la angustia, se despertarán (el estafilococo es un microbio «en racimo» que interviene en quienes sufren por estar «lejos de su racimo», de su gente, de su entorno). Es importante tener en cuenta este aspecto para entender una infección resistente. Para terminar con una infección que se instala en el tiempo, es necesario verificar los diversos aspectos del conflicto y su resolución.

Asociación microbio-pluricelular

Primeros seres vivos en la Tierra, mucho antes que los organismos complejos pluricelulares vegetales o animales, los microbios han acompañado fielmente a los seres vivos a lo largo de lo que se ha llamado Evolución. Ellos también han coevolucionado. La vida vegetal, animal, humana, es imposible sin microbios. Las mitocondrias de nuestras células derivan, probablemente, de bacterias arcaicas. Cada rincón del mundo abriga microorganismos adaptados a las necesidades de los organismos pluricelulares, como las plantas y los insectos se adaptan a fuerza de astutas mutaciones para una polinización óptima.

Nuestro cuerpo alberga diez veces más microbios que células tiene. Nosotros mismos «somos» microbios. Los microbios se han topado, como las células, con cuatro tipos de problemáticas durante los acontecimientos ordinarios o extraordinarios, tales como glaciaciones, cambios de temperatura, predación, erupciones volcánicas, colisión con meteoritos, radiación solar, modificaciones químicas de su medio, de la atmósfera, rayos, etc. Mutaron, se adaptaron como lo hicieron las células.

Por eso, en la actualidad, los microbios simpatizan con las células que se ocupan «de las necesidades vitales» (el bacilo de Koch y el estómago o los alveolos pulmonares), otros se ocupan de ayudar a las células de «protección» (el meningococo y las meninges), otros con las células de la «estructura de desplazamiento» (el estreptococo y los tejidos conjuntivos), otros con las células del «territorio y las relaciones» (herpes-virus con las células epidérmicas). Hay connivencia. Toda célula viva se comunica con su entorno. La célula (pulmonar, dérmica, nerviosa, mucosa, etc.) se construyó en el origen de los tiempos a partir de un ser unicelular (alga o bacteria), de manera que es evidente que se pueda comunicar fácilmente con el microbio, que se le parece bastante y que vive cerca o dentro de ella misma. Se parecen, se ensamblan y se comunican en magnífica simbiosis.

Hasta hace poco, pensábamos que una infección era una enfermedad en sí misma e intentábamos suprimirla, reforzando el sistema inmunitario. Pero ignorábamos la importante incidencia de los sentimientos en el cerebro automático, en su perpetua búsqueda de la homeostasis. Los microbios, *in vivo*, jamás toman la iniciativa de su propia violencia. El órgano que necesita de ellos los invita a multiplicarse, el cerebro también (la elevación de la temperatura es una invitación formal para ello).

93

La excelencia de la intervención microbiana

Un órgano puede repararse sin ayuda de los microbios pero tardará mucho más tiempo, los tumores en fase fría no son destruidos y permanecen físicamente presentes, enquistándose, calcificándose, visibles por radiografía, aunque estén inactivos y «fosilizados». En la vida moderna, como en la vida salvaje, el ser vivo herido o enfermo quiere encontrar, lo más rápidamente posible, los medios físicos necesarios para cazar, recolectar, trabajar, supervisar o defenderse. Su «parte microbiana», compuesta por individuos que se reproducen velozmente, puede eliminar tumores, permitir la expulsión de un cuerpo extraño (con pus), restaurar o mejorar un órgano mucho más rápidamente que si lo hiciera sólo su «parte celular».

¿Microbios nocivos?

Los microbios se adaptan al medio, como los seres complejos vegetales, animales (como los parásitos y los ácaros) y los humanos se adaptan a un lugar y a los microbios que éste contenga. El individuo que va a parar a un lugar diferente, que se sumerge en una cultura distinta, encontrará microbios a los que ni su cuerpo ni su linaje están habituados. En vagotonía o no, su cuerpo reaccionará para repararse lo antes posible y esa rapidez es la que resulta peligrosa.

Durante una infección, es el edema de reparación del conmutador cerebral lo que parece ocasionar problemas, no la actividad microbiana. No habíamos hecho esa distinción. Toda reparación de una parte del cuerpo se acompaña de la reparación del conmutador cerebral correspondiente. Cuanto más eficaz es el microbio que repara el órgano, más rápida será la reparación. Y cuanto más rápida sea la reparación, más importante será el edema cerebral, lo cual puede ser peligroso. Afortunadamente, la importancia del edema cerebral puede reducirse con simpaticomiméticos tales como los antibióticos, sustancias capaces de extraer el agua de los edemas (como la aspirina). Por experiencias pasadas, obteníamos resultados con estos remedios sin saber exactamente lo que pasaba. El descubrimiento del edema cerebral, edema concomitante y proporcional a la reparación orgánica y a la actividad microbiana, nos aporta la explicación que nos faltaba.

Todo microbio nuevo para un individuo es potencialmente hipereficaz. Se necesitan muchas generaciones y largos períodos de adaptación para que un individuo disminuya su sensibilidad a ese microbio. En consecuencia, todo microbio que se introduce en el cuerpo con fines hostiles, por ejemplo, es potencialmente mortal sólo para los individuos que tienen un conflicto biológico correspondiente al tejido «familiar» del microbio. El conflicto biológico que produce enfermedades pulmonares es el miedo a morir y un simple temor a que se desencadene una guerra bacteriológica puede trasformar a un individuo sano, portador de ese microbio, en un enfermo pulmonar.

No perdamos de vista que sea cual sea el microbio que portemos, el miedo a éste provocará más problemas que el microbio mismo, dado que el cerebro reaccionará (con una enfermedad) para hacer que el miedo se reduzca a niveles soportables.

Pasteurización

Basando sus teorías en el comportamiento microbiano *in vitro* (comportamiento no revelador de lo que pasa en un tejido celular relacionado con el cerebro o no), y en el comportamiento microbiano *in vivo* (que es también interesante si no se tienen en cuenta los conflictos de la gente y sus sentimientos al respecto), Pasteur y su equipo sacaron conclusiones nefastas.

La vacunación fue rápidamente aceptada, porque parecía ser realmente eficaz. Claro, que dicha eficacia también se explica porque cuando se empieza a vacunar masivamente a la gente es justo cuando la epidemia ya está despareciendo naturalmente. El efecto placebo de una campaña de vacunación no es extraño en ese tipo de procesos. Una constatación concreta nos lleva a la reflexión: los países que no se vacunaron contra la tuberculosis son, exactamente, los que menos tuberculosis sufren.

Las teorías de Pasteur fueron aceptadas rápidamente y sus contestatarios olvidados. El mundo se acostumbró a la ecuación «microbios-infección-enfermedad», desdeñando la otra ecuación «enfermedad-llamada-microbios» y los fabricantes de vacunas dictan su voluntad a los políticos (con argumentos falaces y cifras hinchadas) para que se organicen campañas que inciten a las vacunaciones ¡contra enfermedades como la hepatitis B!

Lo que se vio es que, convirtiendo un microbio, un virus, inofensivo mediante la vacunación, por ejemplo, un cierto tipo de enfermedades desaparecen o se vuelven raras. En realidad no se trata de una victoria sobre la enfermedad, sino contra cierta forma de enfermedad, solamente, porque el organismo, en cuanto hay un conflicto, se adapta, se modifica y se repara. Así que surgen otras formas de enfermedad, otras enfermedades distintas (la rarefacción de la poliomielitis ¿no se acompaña con la aparición frecuente de esclerosis neurológicas diversas?), porque el cerebro sabe qué microbios tiene a su disposición. Cada familia de microbios aporta al organismo que lo alberga memorias de estrés específicas que interferirán en el comportamiento emocional y, por tanto, tisular del organismo.

El descubrimiento de los microbios permitió, en su tiempo, una mutación de las creencias, abriendo la puerta a una civilización en la que lo racional, lo demostrable, cortó el paso a lo subjetivo, a lo impulsivo. Antes, cuando una enfermedad, un epidemia, llegaba a un pueblo, la bruja, el marginal de la comunidad, un extranjero quizás, resultaban responsables del drama colectivo y se les masacraba por ello sin proceso alguno. Tras el descubrimiento de los microbios, al portador del nuevo microbio se le pone en cuarentena; el aislamiento y la humillación a los que se ven sometidos los seropositivos de VIH –portadores de microbios letales– les lleva a la muerte por conflictos biológicos diversos y por la certeza de su propia muerte.

En la actualidad, hemos franqueado un nuevo puente porque, disculpando a los microbios, damos gracias a la excelencia de la Naturaleza. Todo es simbiosis, lógica, adecuación y armonía en las profundidades de los organismos, así como en la inmensidad del universo.

Un proverbio indio reza: «Una misma fuente no puede ser al mismo tiempo dulce y salada». Los microbios ¿pueden ser indispensables y útiles en el tubo digestivo, pero nocivos fuera?

> *«Sabemos mucho sobre virus,*
> *pero no hemos buscado lo impalpable que los mueve».*

J.-P. y C. ESCANDE, *Biologies*, ed. Synthélabo

SEGUNDA PARTE

El destino

Los caprichos del destino

Gracias a una fila de plátanos a cada lado de la carretera, estoy protegido del sol durante el viaje que me lleva a Niza. Llego sin problemas. No salí volando con el coche por encima de los árboles, por muy cerca que estuvieran. Está claro que no era mi hora.

Sin embargo, a veces, los conductores salen volando con sus coches y se estampan contra los plátanos, las flores son testigos mudos. Todos los conductores quieren llegar a buen puerto pero, en ocasiones, parece que algo dentro de ellos tome el control del coche, provocando un instante de distracción para que se cumpla el fatal destino.

Encadenamiento necesario y desconocido de acontecimientos, el destino es fácilmente percibido e invocado cuando nuestros deseos, nuestras ambiciones parecen imposibles de satisfacer, cuando «el curso de las cosas» parece más poderoso que las elecciones conscientes que hacemos: el nadador que quiere llegar a la orilla pero se ve empujado por la corriente toma rápidamente conciencia de que una fuerza predomina, porque la rapidez y la dirección del agua lo alejan. «Mektub», estaba escrito.

Ese destino que guía al hombre no tiene por qué hacer realidad los deseos humanos, desgraciadamente, dado que tiene otras prioridades. El origen del destino se remonta, como la enfermedad, a la noche de los tiempos.

El destino es un encadenamiento de acontecimientos que obliga al individuo a ir en una dirección, a vivir una situación. ¿Por qué? ¿Por qué Jeanne se casó con 21 años y 9 meses y su hija se casa con 21 años y 9 meses? ¿Por qué un viajero pierde un vuelo que luego se estrella? ¿Por qué Elizabeth desarrolla un tumor intestinal con 34 años y 5 meses? ¿Por qué Rosa muere con 39 años de una trombosis mientras su padre Rodolphe murió a la misma edad aplastado por un tronco? ¿Cómo fue que Gastón abandonó sus estudios de medicina para irse a criar vacas a la Argentina? ¿Por qué Guy cayó enfermo justo al triunfar en algo que le gustaba? ¿Por qué André se hizo rico mientras se aburría como una ostra?¿Por qué no consigue Aline casarse? ¿Por qué Patrice está en permanente conflicto con su padre? ¿Por qué tanta gente fracasa en su vida amorosa? ¿Por qué Viviane desarrolló un quiste en el páncreas cuando su madre vio expoliado todo su patrimonio heredado? ¿Por qué tantas personas se matan trabajando para seguir siempre sin un duro? ¿Por qué así lo han decidido? No. Han sido guiados para que así fuera.

Esta teleguía permite conseguir objetivos cuyo sentido oculto escapa a la percepción ordinaria. Pero no escapa a una búsqueda concreta y focalizada, voluntaria. ¿Hay que aceptar forzosamente un destino cuando resulta claramente desfavorable? Allá donde el fatalista responde que sí, el curioso que busca evolucionar responde que no.

Entonces ¿cómo salirse de la corriente que, obedeciendo a no se sabe qué lógica, nos arrastra en una dirección no deseada? ¿Nadando contracorriente? La lucha está perdida antes de empezarla, lo mismo que pasa con la enfermedad. Un antidestino es siempre un destino. Servirse de la corriente es mucho más sensato. El nadador empujado por la corriente de un río, más que luchar contra ella y agotarse haciendo esfuerzos inútiles, puede explotar la fuerza que lo arrastra (aprendiendo a conocerla) y obtener una trayectoria más satisfactoria para sí. ¡Está sereno porque acepta su destino! Pero aceptar ¿significa renunciar a sus objetivos?

La comprensión libera, es a través del descubrimiento de su destino que el hombre puede aprender a apreciarlo, a «ganar libre albedrío» para satisfacer sus necesidades aún no satisfechas, igual que es a través de la comprensión del sentido de la enfermedad que el hombre puede curarse.

Los capítulos anteriores muestran que las enfermedades tienen un sentido para sobrevivir al destino, y ahora veremos que nuestros comportamientos, nuestro camino en la vida, lo que hacemos, lo que nos queda por hacer, tiene asimismo un sentido para la supervivencia de nuestros descendientes.

¿Has dicho kármico?

De origen oriental, la palabra «karma» simboliza, resume, la ley de causa y efecto. Por ejemplo: piso el freno y la ley kármica hace que el coche se pare, que el coche de detrás me adelante, que una hoja seca se desplace por culpa del adelantamiento, etc. La exploración de las programaciones en las páginas siguientes pondrá de manifiesto esta ley de causa y efecto, pero se enriquecerá con la noción del sentido de supervivencia que tienen las enfermedades y el destino. Sin embargo, no emplearé la palabra karma, porque en Occidente ha tomado un inexacto sentido de castigo o de influencia inmutable que desvirtúa su significado primitivo. Pero todo es kármico, desde el vaso que se rompe cuando se friegan los platos a la rapidez y la forma de la nube que nos pasa por encima.

¿Has dicho encarnación?

La encarnación de un alma en un nuevo ser recuerda mucho a la instalación de un software en un ordenador. Todos sabemos que un ordenador es inútil si no tiene instalado un software, es decir, una programación básica que le permita realizar operaciones. No hay contenido útil sin contenido. Lo que da sentido al soporte, al conjunto de piezas que forman el continente, es el programa. El ser vivo no es otra cosa que una aglomeración organizada de células diferenciadas con una misión que le da sentido. Es el sentido biológico de su existencia.

El diccionario Larousse define así el alma: «Lo que en nosotros piensa, siente y quiere». También es: «Un trocito de madera que pone en comunicación vibratoria todas las partes de un instrumento de cuerda». Admitamos que el instrumento sea el árbol genealógico del individuo, que las partes del instrumento sean los miembros de su familia, vivos o muertos, que la vibración sea la historia vivida por los ancestros. El trocito de madera (el alma) permite la trasmisión de dicha historia.

La encarnación del alma puede ser vivida como una trasferencia de memorias hacia el bebé, que se efectúa durante la concepción. Desde luego, otras convenciones dan un sentido diferente al alma, pero en esta obra emplearemos el precedente.

El fenómeno de destino y la historia

En todas las civilizaciones, así como en sus correspondientes religiones, en sus mitos fundadores, la noción de destino está presente. Marc F. recuerda que los romanos representaban el destino con los rasgos del Hado y la Fortuna, y los griegos tenían las Moiras, un trío de mujeres compuesto por Cloto, Láquesis y Átropos. Sentadas en tronos relucientes, Cloto, la más joven, daba vueltas a la rueca; Láquesis enrollaba el hilo de la vida en el huso y Átropos, sin pestañear, cortaba el hilo cuando le parecía oportuno, determinando así el momento de la muerte de una forma irrevocable.

Tanto en la cultura griega como en la latina, el destino es una idea compleja en la cual inflexibilidad, fatalidad, suerte, arbitrariedad, caprichos, injusticias y favores están presentes. Los griegos también constataron que el destino, al que todo el mundo se pliega habitualmente, puede cambiar su curso mediante la Tiké, otra diosa. ¿Qué simbolizaba Tiké? ¿Una fuerza complementaria que podríamos traducir por «impacto de la conciencia humana sobre lo que lo guía»?

La toma de conciencia sobre el origen de un destino es lo que puede permitir desviarnos de nuestra trayectoria en el seno de una corriente que debe su sentido a nuestro linaje, a nuestra rama, pero no necesariamente para nosotros en tanto que individuos. Es el libre albedrío el que demanda la «Tiké», la justa conexión con un momento contenido en la rama familiar.

El determinismo del destino es muy desculpabilizador, mientras que el postulado que afirma que el hombre puede escoger entre en «bien» y el «mal» es políticamente correcto porque puede controlar las masas y llevarlas a la docilidad. Así se comprende fácilmente por qué la astrología –en otro tiempo ciencia propia de clérigos y astrónomos, y que revela el hiperdeterminismo al que están sometidos los hombres– fuese prohibida en el siglo XIV por la Iglesia de Roma.

La ley del clan o filocentrismo

Nuestros comportamientos y todos los caminos que emprendemos a lo largo de nuestras vidas no son sino soluciones «primitivas» a los problemas no resueltos de nuestra infancia, de nuestro nacimiento, de nuestra vida uterina y de varias generaciones de nuestro árbol genealógico, nuestras vidas anteriores si se quiere.

Advertencia: no podemos comprender el sentido del destino y cambiar nuestra suerte si nos percibimos por separado, como «seres individuales», apartados de nuestro tronco familiar, de nuestra historia anterior. Un linaje, esto es, el conjunto de nuestros ancestros, es como una hiedra que trepa por una pared en busca de luz nutricia. El linaje está ávido de futuro, de porvenir. La trasmisión de la vida, de individuo en individuo, es un juego de salto del potro en el que nos consagramos a una lejana antepasada, una célula viva en el océano.

Dado que es muy viejo y siempre tiende hacia el futuro, el tiempo no cuenta para él, las «necesidades» del linaje no son las mismas que las del individuo. El individuo, simple eslabón de la larga cadena –dado que su vida dura realmente poco– desea tener una casa estupenda, un coche llamativo, más dinero del que necesita, una sexualidad espectacular, hijos sanos y guapos, buenos amigos, reconocimiento social, etc. Pero los deseos personales, por más legítimos que sean, no son prioritarios. Entenderás la medida de este egocentrismo si tenemos en cuenta la realidad invisible a la que llamo «filocentrismo». El «filocentrismo» resume el hecho de que nuestra existencia está subordinada, sujeta, a nuestro linaje (*phyla*) y a su objetivo: la eternidad. Es, pues, lo contrario del egocentrismo, en el que todo está enfocado al individuo. Contradictoriamente, conectarse a esta realidad filocéntrica permite, posiblemente, satisfacer nuestras necesidades de amor, de contacto, de lo esencial.

¿Has dicho elección?

Creemos escoger, en tal o cual momento de nuestra vida, la dirección que queremos. Sin embargo, no escogemos nada, ni nuestro lugar de residencia, ni la gente que frecuentamos, ni nuestra profesión, que son, como las enfermedades, medios que nos permiten aliviar antiguos sufrimientos escondidos, pesados aunque secretos. Así estamos concebidos sin saberlo.

Ser un individuo individual requiere esfuerzos, una trayectoria iniciática. Esfuerzos de discernimiento: ¿cómo deshacerme de mi misión si no me gusta, de los hilos (es decir, las fidelidades automáticas) que llevan la marioneta que soy hacia el tronco del árbol que me manipula? ¿Dónde cortar para ganar libertad y satisfacer mis necesidades?

Ser decorador es la solución para un conflicto de desvalorización estético. Hacer espeleología puede solucionar un conflicto en relación con la madre (en el árbol genealógico, se entiende) que no sea la verdadera madre (entrar en la madre-tierra para verificar). En tanto en cuanto no sabemos nada de muchos dramas vividos por nuestros ancestros, nos pasamos la vida dando vueltas, reproduciéndolos sin darnos cuenta. Y durante ese tiempo, nuestros legítimos deseos se ven arruinados. Cuanto menos sabemos, más obedientes somos y más fieles al viejo árbol.

Supongamos que en un linaje un padre no es el padre biológico y que este detalle permanece secreto y escondido. Uno o varios descendientes estarán comandados para que este secreto vea la luz. Dos comportamientos distintos pueden destapar el pastel. Un niño descendiente puede ser un genio en matemáticas y en historia, o bien ser un completo fracaso en estas materias. Ambos comportamientos opuestos son dos maneras de reaccionar al mismo secreto en una filiación. Ser muy bueno es historia (que narra filiaciones) y en álgebra (que busca despejar la incógnita en una ecuación) es una forma positiva que denota una personalidad curiosa (para percibir el secreto) y combativa, mientras que ser un tocho en matemáticas o historia denota un comportamiento pasivo. Más tarde, cuando el niño ya es adulto, se verá en situaciones similares. Quizás tenga un hijo ilegítimo que se vea obligado a ocultar.

Johanna fue violada en repetidas ocasiones entre los 16 y los 18 años por su jefe y un amigo de éste. A ella le daba vergüenza haberse sometido a esas vejaciones y ser una víctima constante, así que cuanto más tiempo pasaba, más ocultaba el problema. Con el tiempo, Johanna tuvo un hijo que, al crecer, se complacía en exceso mirando fotos de hombres desnudos. Ella se horrorizaba y se sentía de alguna forma culpable por esa fascinación que no comprendía, a la que no le encontraba el menor sentido. Su estrés como madre, teñido de asco, de culpa (sexo pecaminoso), de falta de respeto (debido a las violaciones) y a la culpabilidad (porque nunca denunció la situación y se sometió voluntariamente a los requerimientos de sus violadores), se asoció inevitablemente a los hombres en una de las ecuaciones que el cerebro domina mejor, memorizando y trasmitiéndolo. Dicha ecuación, secreta, guardada, se comunica inmediatamente a su hijo. La fascinación de éste derivaba del hecho de que había heredado un estrés excesivo no identificado, que intentaba liberar a través de esa actitud compulsiva. El sufrimiento de la madre, oculto, encriptado (con el color de la culpabilidad relacionada con la presencia de hombre en erección), no podía liberarse más que a través de su hijo, en un comportamiento analógico altamente simbólico.

La naturaleza analógica de una de las funciones del cerebro hace que el sufrimiento de una víctima impresione también el inconsciente de su retoño. El soldado en campaña que veja y viola a mujeres, una vez en casa, esconderá su comportamiento y lo inoculará a sus hijos mediante ecuaciones y sentimientos secretos que podrán extenderse varias generaciones más allá. Los descendientes de las víctimas y del agresor ¿no se encontrarán en la vida, sin saber nada? «Todo lo que no es desvelado se expresa en forma de destino», decía Carl. G. Jung.

Good morning USA

Una campeona de natación
tenía que conseguir el oro
en unas Olimpiadas.
Era más rápida que sus contrincantes.
El día D. pasó algo sorprendente.
Estando ella en cabeza,
y siendo la última vuelta,
paró en seco de nadar, lo justo para que la siguiente
nadadora, la superara. Así,
fue como una americana se llevó el oro.
Luego se enteró de que su abuela,
a la que nunca había conocido,
adoraba a los americanos
porque habían salvado a su familia
Su prima participó con gran éxito en la
expansión de una empresa estadounidense muy famosa.
Pero esta campeona no sabía nada de esto
cuando participó en los Juegos Olímpicos.
Luego, en su momento, hizo un
homenaje al pueblo americano.

La personalidad

La personalidad es lo que nos caracteriza, a ojos de la gente y a los nuestros. Evoluciona siguiendo el curso de nuestros propios conflictos profesionales y emocionales, que nos desequilibran según reglas biológicas precisas, desde un comportamiento femenino a uno masculino y viceversa. «Hay veces que me sumerjo en el trabajo totalmente, pero en otras épocas preferiría no trabajar y dedicarme a mi casa y mis hijos».

Machismo, feminidad, marimacho o afeminados, son estados consecuentes a los impactos de los conflictos en el cerebro. La personalidad del individuo resulta de lo que sintió desde su nacimiento y sus primeros años de vida, y con esa personalidad desarrollará sus programaciones a lo largo de toda su vida. La educación recibida, con sus tabús, las neurosis paternas o colectivas interferirán en ella y en el destino de los descendientes.

El instante de la muerte

¿Qué medios emplean los hombres para morir, para clausurar el espacio-tiempo que han usado, tras haber pasado el relevo a la generación siguiente, en una fracción de tiempo de su paso por la Tierra? Todos los pueblos tienen su forma de morir. Pero el hecho es que hay que morirse de algo y es cierto que no todo el mundo se muere porque se le pare el corazón, ni por depresión sanguínea; la verdad es que el organismo programado tiene una «palanca» que provoca la parada cardíaca. Conflicto perdurable hasta el extremo, respiración vagotónica demasiado rápida, ataques a la integridad del sistema circulatorio, intoxicaciones, alimentación deficiente o suicidio, son palancas al servicio de la programación. El niño africano se sirve del cólera para materializar su programación a la hora de la muerte; el homo automovilus usa los plátanos de la carretera; el homo prudentius se sirve de sus conflictos y creencias para hacer su cáncer mortal.

Si la hora de la muerte puede, de algún modo, gracias a una observación hecha *a posteriori*, corresponder a alguna otra precedente, como un ancestro muerto a la misma edad o en la misma fecha, por ejemplo, pero parece anormal cuando los hijos mueren antes que los padres. No es lógico, es antinatural morir después que los propios hijos. Pero morir antes de tiempo se debe a programaciones concretas (cuando los ancestros experimentaron una angustia tremenda a dicha edad, un descendiente puede escapar a idéntica experiencia a través de la muerte), pero representa un despilfarro de energía para su linaje. En el mundo vegetal, cuando una planta, una rama, una hoja o una fruta muere antes de haber logrado su desarrollo normal, el proceso de supervivencia hace que otras partes de la planta, con nuevos brotes, restablezca la homeostasis interna para compensar. Lo mismo sucede cuando un individuo muere antes de lo razonable, la tarea de ocuparse de los conflictos no resueltos del linaje se reparte entre el resto de miembros vivos y sus futuros descendientes.

El árbol es un espacio en tres dimensiones
donde el pasado siempre es presente.
En las cabañas de nuestra infancia,
buscamos el pasado, ávidos de futuro.

El destino de los niños es garantía de supervivencia para la especie

Nuestro camino en la vida, con nuestros gustos, nuestras inclinaciones, nuestras enfermedades físicas o mentales, son soluciones perfectamente lógicas a los problemas de las generaciones precedentes.

Una hora penosa

Cuando una hora (o un minuto o un mes) se vive de manera penosa (peligrosa, dolorosa, hiriente, con un problema irresoluble), esa hora (que es también una posición geográfica en el espacio sobre la elipse alrededor del Sol, visible mediante indicaciones) queda señalada (en el álbum de recuerdos que será legado a las siguientes generaciones) como peligrosa. Mientras que las generaciones posteriores llevarán en sí la información sobre esa hora penosa y cuando un descendiente se vea ocupando esa misma posición sideral o cuando un estímulo cualquiera señale dicho momento, el sentimiento de choque se expresará. Es el mismo principio de la alergia, anteriormente explicado. El alérgeno es, en este caso, un momento preciso del año. Algunas personas se sentirán mal en ese momento del año, aunque dicho momento no signifique nada particularmente doloroso ni difícil para ellas. El descendiente responderá con un acto (destino, camino, comportamiento) o con una enfermedad.

El sacrificio

Podríamos pensar que desarrollar un cáncer, llevar una vida miserable o tener éxito en los negocios simplemente para compensar la incapacidad de un ancestro para resolver sus propios problemas es, verdaderamente, un sacrificio. Ese funcionamiento «sacrificial» está, sin embargo, extendido en toda la naturaleza. También en la materia misma encontramos esa solidaridad sacrificada.

Una plancha de metal o de cartón, a la primera torsión que la «sorprende», que la deforma más allá de cierto límite, se adapta y guarda dicha adaptación en su memoria: se le forma un pliegue o arruga. A la segunda torsión, se doblará más fácilmente por el mismo lugar que lo hizo la primera vez. Gracias a esta «facilidad» el resto de la plancha está a salvo. La naturaleza limita así la posibilidad de desintegración. Se trata de la solidaridad entre las diversas partes para asegurar la supervivencia del conjunto. Un individuo es poca cosa, en comparación con todo su linaje. ¿Para qué sirve un trozo de cartón? Sólo la hoja entera sirve para algo.

La familia es también una molécula, compuesta de átomos invisiblemente ligados unos a otros. Los organismos pluricelulares que somos, en apariencia físicamente autónomos y libres para andar por la vida en la Tierra, están también ligados a su árbol genealógico. No somos autónomos en lo relativo a la información que, trasmitida a nuestras espaldas, nos dirige con precisión de relojería.

Murielle, una niña pequeña, fue regularmente obligada por su abuelo a masturbarlo, cosa que la repugnaba extremadamente. Con los años y ya adulta, Murielle tuvo un hijo que nació con agenesia en el pene.

Informar es siempre la mejor forma de adaptarse

La solución reina para que la vida del linaje se perpetúe consiste en prevenir a las generaciones venideras de las dificultades con las que hemos topado: los niños reciben, a través de la sangre, un álbum de recuerdos rico en informaciones sobre los peligros vividos. El futuro se construye siempre sobre las bases del pasado: cuando un tornado o una inundación destruye una casa, su morador la reconstruye de manera diferente o en otro sitio, porque tiene «en la cabeza» el recuerdo de lo vivido. La progenitura es, pues, concebida en función del pasado, de lo que ha tenido lugar.

Toda angustia que haya superado el límite de lo soportable por el «cerebro psicológico» de un individuo, y que no ha podido ser evacuada mediante actos o pensamientos adecuados, se cristalizará. Del gameto al óvulo fecundado, de la sangre materna a la sangre del bebé, de cerebro a cerebro, la información va pasando. Una angustia datada en 1897 será un día repetida por el cerebro de un descendiente en 1957, por ejemplo. El niño puede nacer con un órgano más eficaz (más grande o más pequeño, mejor adaptado) que el de sus padres. El niño nace con un órgano «enfermo», atípico, con una enfermedad congénita que lo invalide, que puede ser un don cuando la información sobre el peligro viene de los árboles de ambos progenitores, o por un sentimiento de la madre gestante.

Innovaciones morfológicas (el niño tiene una nariz más grande que sus padres, o tiene el corazón a la derecha) y enfermedades congénitas (tales como miopatía, espina bífida, espondilolistesis, mucoviscidosis, trisomía, etc.) son también respuestas biológicas adaptadas a los problemas de generaciones anteriores.

La progenitura, a lo largo del viaje cósmico que es la vida, vivirá numerosos acontecimientos, pero sólo reaccionará violentamente a algunos de ellos. Para que se sienta concernida por tal episodio, es necesario que su álbum de recuerdos lleve la memoria de estrés correspondiente a ese tipo de episodios. ¡Revivirá así el pasado de su árbol!

Ya hemos abordado, en la primera parte del libro, los dos tipos de soluciones que un cerebro puede adoptar:

1. Una que concierne a la célula, que alterará su propio comportamiento en el seno del organismo (la enfermedad es una solución orgánica).

2. La que consiste en poner al individuo en otra dimensión, como la depresión, la locura, la psicosis, las fobias, etc.

Pero hay una tercera solución:

Consiste en hacer que el individuo adopte una vía, una actividad, un comportamiento, una profesión, un lugar de residencia, un entorno simbólicamente reparador, «direcciones» que sean, de hecho, «soluciones relacionales del organismo en el seno de su medio». Si el problema puede ser resuelto por una vía concreta, un oficio, un hobby, relacionándose con tal o cual clase de gente, el órgano no está en primera línea sino que toda la vida del individuo será una solución biológica.

Cuando la trasparencia del mar disminuye, la descendencia de las algas irá a vivir más lejos, allá donde la luz es más abundante, modificando algunas de sus células para optimizar su rendimiento, a fin de que el abastecimiento de energía solar resulte suficiente.

Cuando el contenido de oxígeno del agua disminuye, el pez que no puede adaptarse guarda la información de su angustia en sus gametos, de manera que su descendencia nacerá con branquias más eficaces o con un mensaje de tipo «vete a vivir a otro lado».

Cuando un hombre se siente angustiado porque no consigue marcar su territorio (tenerlo en propiedad, por ejemplo) y no consigue resolver este problema, uno de sus descendientes adoptará, sin saberlo, un oficio simbólicamente conservador de propiedades (aduanero, cerrajero, empresario de seguridad, fabricante de alarmas, vigilante jurado, etc.) o quizás haga cálculos renales o vesiculares (crear piedras es una forma simbólica de hacer lindes), tener la orina muy fuerte, como solución orgánica para marcar el territorio, como hacen los animales.

Una pareja propietaria de un gran territorio (que permite reunir a toda la extensa familia, o en gran parte, para regocijo de todo el clan) fue víctima de un chantaje y vendieron su propiedad en 1949 por un mendrugo de pan. Treinta años más tarde, uno de sus nietos —en conflicto de territorio porque su jefe invadía diariamente su oficina— tuvo numerosos cólicos nefríticos y períodos depresivos.

114

Dos para hacer uno

La reproducción sexual fue adoptada por la naturaleza, en concomitancia con la reproducción asexual, porque permitía (y sigue permitiendo) una evolución más rápida de la especie a través de las sucesivas mutaciones, evolución indispensable para la supervivencia.

Pero, con la sexualización y el abandono de la escisiparidad, apareció la muerte del individuo, abocado así a una vida mucho menos larga. El niño nace para remplazar al viejo. Por eso el nacimiento está tan relacionado con la muerte en nuestra especie. El bambú florece después de morir, como las gramíneas de los bordes de los caminos. Florecen cuando ya han cumplido su cometido. Un proverbio lo expresa con exactitud: «el nacimiento empuja a la muerte; la muerte empuja al nacimiento». Cuando nace un bebé, es frecuente que un ancestro o un pariente próximo fallezcan ese mismo año. El niño recibe entonces los programas de esa persona.

Antes de la fecundación, el fenómeno de la división de cromátidas (la meiosis) en las células reproductoras provoca, de manera juiciosa, la pérdida de la mitad de los cromosomas. El óvulo hace sitio para que se instale la memoria del espermatozoide. Así, la progenitura está concebida con la mezcla de dos álbumes de recuerdos histórica y biológicamente compatibles, que vibran entre sí por lo que tienen en común. La trasferencia de información de los padres hacia el huevo y los anexos embrionarios se hace sin conciencia de los interesados. Este modo de trasferencia es el más fiable que haya y ninguna mala experiencia, ningún problema queda sin solución ni riesgo de ser olvidado. Todo puede olvidarse porque está profundamente enterrado, grabado en algún soporte proteico para la memoria reciente o en el ADN para las informaciones arcaicas. No podemos desobedecer las órdenes que ignoramos haber recibido. El niño es depositario de un «álbum de recuerdos» que no podrá leer más que pasando por la interfaz de sus propias vivencias, de sus actos.

Inconvenientes de la programación

Los ancestros trasmiten a sus descendientes la memoria de los problemas que ellos no pudieron resolver, diciéndoles: «Te prevengo de lo que a mí me pasó, actúa según lo que te he dicho». Este sistema de trasmisión de memorias de dramas me parece que era más apreciable antes que ahora, cuando la duración de la vida de los individuos era más corta. El nuevo ser llegaba al mundo minutos u horas después de su concepción en el gran caldo oceánico y se veía claramente confrontado al mismo problema que su ancestro, al mismo que se ven su padre y su madre, sus abuelos, sus bisabuelos y sus tatarabuelos. Entonces, la adaptación mediante la mutación de una parte de sus células era inmediatamente útil y permitía sobrevivir.

Pero la duración de la vida de los individuos se ha hecho muy larga. Entre el momento en que un sujeto, angustiado a causa de un acontecimiento dramático para el que no encuentra solución, «enriquece su propio álbum de recuerdos» con dicha información (o lo emite al inconsciente familiar, de cerebro en cerebro hasta que los genitores lo hagan suyo) y el momento en que nace un bebé y crece, pasa una cantidad de tiempo que va de los meses a los años: en varios meses, el problema (de la madre, del padre o de la tía o la abuela) ha podido desaparecer, pero la descendencia nace armada para afrontar un problema ¡que ya no existe! Su sordera o su miopatía, su dedo extra en una mano, no le son de utilidad alguna, al contrario, le resultarán un impedimento. Esas anomalías habrían sido aprovechadas por los ancestros concernidos por el conflicto (la sordera, por ejemplo, para dejar de oír insultos, la miopatía para no hacer tal gesto o desplazamientos desafortunados, la polidactilia para atrapar mejor las cosas o hacer un trabajo sobrehumano, etc.), pero no lo son para la generación siguiente ni las sucesivas.

Estas «maletas» llenas de programaciones forman nuestra particularidad, nuestra singularidad, es lo que nos hace únicos. Se nos entregan secretamente y la información (fechas, lugares, circunstancias, el sentimiento de una angustia) que podría advertirnos de la obsolescencia del problema en sí no se nos entrega de manera clara y directa. Estos datos espaciotemporales del problema inicial están ahí, no obstante, codificados. El cuerpo lo sabe. Sabe de dónde proceden esas programaciones. Es cosa nuestra hacerlo hablar para curarnos. De ahí la utilidad de descodificar las enfermedades, destinos y comportamientos con terapeutas descodificadores.

Para liberarse de la obligación de cumplir con la programación, que puede consistir en una simple dificultad escolar o en una enfermedad grave, un ligero problema recurrente, una esterilidad o un comportamiento rencoroso y violento, es un paso obligado tomar conciencia de lo que vivieron nuestros ancestros. De lo contrario, el piloto automático se vuelve operativo, «a falta de conciencia, de luz» y el destino se cumple ineluctablemente, ya sea el de la célula o el del individuo.

Este mecanismo de trasmisión trasgeneracional parece tan primario, tan arcaico que podríamos pensar que en el ser humano, tan evolucionado, el sistema habría podido extinguirse, desaparecer. Pero el hombre continúa evolucionando… y ese sistema sigue en el cuerpo, siendo útil. Las enfermedades, el destino son trapecios que permiten al ser humano y a su linaje evolucionar sobre la cuerda floja, por encima del gran vacío cósmico, sin caer, incluso si el trapecio nos parece un duro peso que soportar.

Las programaciones

Las principales programaciones de los seres vivos

Cada uno de nosotros somos el resultado de millones de conflictos biológicos, vivencias, sentimientos y sensaciones vividas durante millones de años de evolución. Los conflictos más recientes constituyen nuestro programa de destino.

Éstas son las diferentes programaciones, clasificadas en cuatro tipos:

- **La codificación arcaica.** La historia antigua de los linajes, con los códigos de la especie que hacen que todos los individuos tengan características comunes: todos los patos tienen alas, todos los peces tienen escamas, los africanos son negros, las células diferenciadas saben mutar, los ciclos menstruales de las mujeres africanas son más cortos que los de las suecas.
- **La programación trasgeneracional.** Los problemas no resueltos de los ancestros invitan a las nuevas generaciones a aportar soluciones. «Álbumes de recuerdos» se entregan a cada bebé con esta idea.
- **La «proyección parental desconocida»** (o «proyecto-sentido»). Lo que viven y sienten los padres en torno a la concepción, durante la gestación y tras el nacimiento.
  - ➤ Antes y durante la concepción, lo que importa y causa conflicto en los padres se imprime analógicamente en el bebé.

119

¿En qué ambiente se ha concebido el bebé y por qué? ¿Quién ha muerto en la familia en esa época? ¿Fue concebido en un momento económico fasto o nefasto para los padres? ¿En un período difícil con separaciones, enfermedades y problemas serios?

> La programación a través de las vivencias del feto *in utero* (lo que siente la mamá durante la gestación). ¿Qué ecuaciones nuevas se establecen con su presencia, es el niño fruto de una fusión alegre y amorosa, de un momento de éxtasis entre los padres o ha sido concebido sin el placer de compartir y porque «cuando uno se casa toca parir hijos»? ¿Qué les pasó a los padres durante los nueve meses de gestación? ¿Hubo algún traslado o un cambio importante en sus vidas?

> Modalidades de parto.

> Lo que le pasa al bebé en sus primeros meses de vida: las primeras pruebas de su vida (encontrar el olor de su madre, solicitar comida), el estrés (llegada de otro hermano, muerte de uno de los padres, etc.), lo vivido en el estadio oral (0 a 18 meses) o en el anal (18 meses a 3 años).

• **Las vivencias de la infancia.** La angustia sentida durante el estadio fálico, «edipiano», la calidad de las relaciones entre el niño y sus padres, entre el niño y sus hermanos y hermanas entrañarán, también, reacciones comportamentales y resonancias.

Sólo la programación trasgeneracional y la PPD «proyección parental desconocida» serán desarrolladas aquí, porque forman el armazón del futuro empleo del tiempo de un sujeto. Una multitud de obras especializadas trata de los otros tipos de programaciones.

¿Existe el tiempo?

La existencia del fenómeno de las programaciones trasgeneracionales nos invita a reflexionar sobre nuestra noción del tiempo. ¿No es el tiempo una ilusión humana? Para la biología y la memoria celular, parece que el tiempo tiene poca importancia. ¿Será el espacio más real? Sin embargo, cuando hablamos de programación, de programas, estamos haciendo referencia al tiempo, tiempo definido, viernes 8 de septiembre a las 10, o tiempo-período-momento que forma ciclos «durante 10 años, cada 5 años, 4 meses y 13 días».

Nuestra costumbre de dividir el día en horas y el año en estaciones y meses hace que nos olvidemos de que, en cada instante, ocupamos un lugar, una posición precisa en el universo. Una fecha de nacimiento, el momento en que nos casamos o el instante de la muerte, todos los momentos dramáticos (peleas, violaciones, rechazos, accidentes, separaciones, humillaciones, etc.) tienen una posición geográfica en el universo (en relación a la posición de los planetas y otros sistemas). Dichas «posiciones» son asociadas en el cerebro a través de emociones del individuo y el conjunto es memorizado en el cuerpo. El cerebro detecta su posición en el espacio y puede hacerlo emerger de las profundidades de la memoria de angustias asociada. Es el caso, por ejemplo, del síndrome de aniversario.

Por otra parte, para una información grabada sobre una placa de mármol, el tiempo tiene pocos efectos. La lluvia y el sol, el frío, los años no afectan a la información que contiene.

La programación trasgeneracional

En un árbol, todas las partes son solidarias en cada momento. El árbol no vive para hacer ramas y hojas sino que, al contrario, ramas y hojas sirven para que el árbol viva.

De igual modo, los linajes animales y humanos se proyectan hacia el futuro, tienen hijos para que vivan, pero no viven para tener hijos. Los padres, los ancestros, aunque estén ya muertos, siempre están ahí, «vivos en la memoria», en el árbol, como en los árboles de verdad, en los que la corteza y el tronco están ahí, las ramas engrosadas por los años, trazas de unión entre pasado y futuro.

En consecuencia, resolver hoy o mañana lo que no se pudo resolver ayer es algo totalmente normal para el cerebro biológico porque la savia que circula en él es portadora de información importante. Pasado, presente y futuro se forman en el mismo instante. El pasado está ahí, endurecido, petrificado, el presente está justo bajo la corteza vecina del futuro, y pasado y presente ya tienen planificadas, en sus diseños, las hojas de la próxima primavera.

No es la realidad neutra de un momento a la que responde el organismo (mediante un tumor o una infección) ni el piloto automático quien guía el camino del hombre hacia tal o cual elección profesional o sentimental, sino que son las memorias (es decir, realidades antiguas o lo que se interpretó como realidad) de los ancestros las que lo hacen. De las guerras, civiles o internacionales, económicas o religiosas, de los dramas, choques incomprensibles y de las neurosis salen conflictos sin resolver, culpabilidades, vergüenzas, frustraciones y secretos que atormentan a las familias. Todo lo que presiona al individuo, doctrinas políticas o religiosas, guerras con su cortejo de muertes, violencia y humillaciones de todo tipo, la arbitrariedad y la injusticia, los hijos ilegítimos escondidos condicionan al individuo, limitan sus posibilidades y le impiden reaccionar correctamente.

Su sufrimiento se instala perdurablemente si los valores o las prohibiciones de su entorno lo empujan a ello. La muerte de un ser querido, a menudo, aborta proyectos, mata la inocencia y los sueños, suscita carencias de padre, de madre, de abuelos, provoca saltos generacionales (niños que ocupan el lugar del padre, que se ocupan de sus hermanos como lo haría la madre) y confusión mental. La culpabilidad por no haber podido hacer algo para salvar a los suyos puede atormentar a varias generaciones siguientes, programar conflictos (patologías musculares, pulmonares, sanguíneas, cerebrales, tiroideas, etc.).

Robert perdió una pierna en Verdún y vivió una historia de amor apasionado con la enfermera que lo curaba, pero la historia no podía durar porque él estaba casado. Con 18 años, Madeleine, la hija pequeña de este hombre, a pesar del desacuerdo de sus padres, entró en la escuela de enfermeras y se especializó en cardiología. Su hija pequeña se «sacrificaba» así para devolver a su árbol la enfermera que su padre había perdido y tanto había necesitado.

Una madre murió en el parto de su hija Félicie. El trauma fue tremendo y el recuerdo de este episodio, y de todo lo que ocasionó, pasó al inconsciente familiar. Dos generaciones más tarde, Béatrice, de 46 años, permanecía soltera y sin hijos. El parto de un hijo se percibió como peligroso, de manera que el celibato, la esterilidad o el aborto voluntario resultan soluciones eficaces para el cerebro de cara a permanecer viva.

Jean-Jacques estaba enamorado de Geny, que murió atropellada por un coche. Más tarde se casó y tuvo un hijo que acabó siendo un apasionado de los coches y participaba en ralis (dominar el automóvil, controlar su trayectoria es una solución *a posteriori* al conflicto).

Alphonse murió gaseado durante la Primera Guerra Mundial, en Verdún. Uno de sus nietos y dos biznietos son asmáticos. La solución biológica para no morir es no respirar un aire viciado, impedir que una sustancia maligna entre en el organismo.

Las lombrices del célebre Ivan Pavlov, pinchadas con alfileres en presencia de luz, tuvieron una descendencia que, a pesar de estar aisladas y no sufrir el mismo tormento, integraron el comportamiento-solución de sus progenitores y se retorcían ante la presencia de luz (Ecuación: Luz = Dolor).

Henri, el hijo mayor de la familia, fue deportado a Alemania, donde murió. Su hermano André llevó la dura carga de ser el único varón superviviente: «¿Por qué él sí y yo no?». Tuvo cinco hijos. El mayor murió al día siguiente de haber nacido. Su tercer hijo, Roger, tuvo cuatro hijos. El primero murió antes de nacer y el cuarto, una niña, murió a los 19 años. Tanto el segundo como el tercero de sus hijos perdieron a sus hijos por aborto. Vemos como en tres generaciones los mayores (el cuarto corresponde a un mayor) mueren. La desaparición del hermano mayor se convirtió en un problema para André, cuya solución consistió en no tener vivo un hijo primogénito.

Anita (la segunda de sus hermanos) tuvo 3 hijos. Trabajó como cantinera, iba a la vendimia y recogía aceitunas. Su segunda hija, llamada Juanita, desarrolló un cáncer de mama. Este cáncer (cuyo sentido es el de preparar a la mujer para nutrir mejor a sus vástagos) fue la solución biológica a la angustia vivida por su madre para sacar adelante sola, a sus tres hijos. El estudio de los «ciclos celulares memorizados» de Juanita demostró que la información de su cáncer hacía resonar un episodio amargo de su infancia, cuando creyó que a su madre la había detenido la policía alemana.

Elemental

La lógica de la naturaleza para aportar una solución a un problema es tan simple que se podría calificar de primaria. Si la pareja ha sido percibida como un problema, no tener pareja es la mejor solución. Si la vida amorosa causa conflictos, uno o más descendientes se verán hundidos en la miseria o trabajarán sin retribución alguna.

Percibir la aparición de una enfermedad física o mental, de un destino de vida, no borra la programación. No porque Janine se haya quedado paralítica a los 22 años una persona de su descendencia debe sufrir la misma suerte. Solamente la toma de conciencia (o bien mucho tiempo, generaciones varias y sacrificios diversos) sobre las causas del estrés de origen permiten borrar la programación: comprender e integrar la angustia de un ancestro, resolver el problema con otros medios que no sean el propio organismo o el propio destino (mediante actos metafóricos, por ejemplo) permiten curar y liberar, al mismo tiempo, al resto de la descendencia, de cerebro en cerebro, aunque ninguno de ellos demuestre ir por un camino parecido al de su ancestro.

Kirk es un aventurero sin bienes que frecuenta empresarios ricos, notarios y que trabajó en su juventud en un centro hípico, pues tenía un caballo en propiedad. Mucho más tarde supo que su bisabuelo Fred compró caballos robados, sin saber de su ilícita procedencia. Por este delito fue condenado a una pena de cárcel. Le había confiado sus bienes a un notario corrupto que lo llevó a la ruina. La ecuación «la posesión entraña desposesión, vergüenza y cárcel» hizo que sus descendientes, entre los cuales se encuentra Kirk, hicieran todo lo posible por no tener nada.

La pareja escogida es también, sin que lo sepamos, portadora de informaciones valiosas sobre nuestro propio árbol: Gabriel se prometió a una mujer que había sido violada con 18 años en su propia casa, cuya madre también fue agredida durante el nefasto episodio. Su mujer tiene la manía de lavar muy a menudo las colchas, cortinas, alfombras y demás lencería del hogar, como para borrar la mancha… Curiosamente, la abuela de Gabriel también fue sexualmente agredida en su infancia. Su novia le revela, a través de su comportamiento compulsivo, lo que Gabriel ignora sobre sus ancestros, lo que él no ha podido ver con sus propios ojos, el conflicto biológico que ha heredado.

Los secretos

A menudo, los acontecimientos difícilmente aceptables se acaban escondiendo:

«No puedo decir que este hijo no es de mi marido» establecerá una programación de enfermedades orofaríngeas y/o mandibulares. Porque para decir, hay que «abrir la boca» y eso se consigue con huesos malares que se abren para que las cuerdas vocales puedan emitir sonidos inteligibles. «Luigi ha sido desheredado y su hermano ha conspirado para expoliarlo» programa depresiones, problemas renales, pancreatitis, descalcificación de vértebras y costillas en algunos de los descendientes de Luigi.

Los episodios reprochables, crímenes, violaciones, expolios, incestos, robos suelen ser escondidos por la mayoría de los miembros de una familia, en un consenso destinado a proteger a los inocentes, a no dar mal ejemplo, a causa del «qué dirán», por vergüenza, por interés, etc. De generación en generación, el episodio se va olvidando o su relato se modifica favorablemente. Pero el contenido original, doloroso, conflictivo sigue su curso, saltando silenciosamente de generación en generación para acabar trasmutándose en enfermedad o en un comportamiento dado (ser un tocho en mates o en historia, vivir en la confusión, ser tartamudo o disléxico o depresivo o suicida o un fracasado en lo económico). Porque les faltan paneles enteros de lógica en la idea que tienen de su propia familia, el misterio empuja a los descendientes a sentirse anormales, inferiores o malditos.

Cuando la realidad penosa ha sido disfrazada, cuando las mentiras maquillan los hechos, cuando las convenciones sociales, la vergüenza, el orgullo, provocan exclusiones (los ausentes siempre son culpables), cuando se instala la idealización (de la pareja fallecida, de los padres que, en realidad fueron mentirosos y usurpadores), los descendientes buscarán, sin darse cuenta, parecerse a algunos sus ancestros que, en realidad, se condujeron vergonzosamente o condenarán a otros («¡tu padre nos abandonó!»), aun cuando en realidad fueron víctimas. Si yo miento, de manera recurrente y compulsiva, crearé un secreto de familia en relación al tema sobre el cual miento. El secreto es una cadena para los herederos de una programación que, por causa de las mentiras, tendrán pocas oportunidades de acceso a la realidad. En diversas generaciones, con sus acontecimientos y conflictos, se irán repitiendo las mismas enfermedades.

La repetición

Este mecanismo de repetición no es un mecanismo punitivo que se mande en un paquete: el objetivo de la trasmisión trasgeneracional es, primero, prevenir y después adaptar a los descendientes, mediante un comportamiento individual o una anomalía orgánica, para que el linaje pueda salir adelante y triunfar en un ámbito que hasta ahora no había conseguido. Es un principio de precaución porque se supone que lo que ha pasado una vez puede reproducirse 30, 80 o 120 años más tarde. La naturaleza funciona de forma analógica. Por eso una situación puede repetirse, de generación en generación, de ciclo en ciclo, como los planetas del sistema solar se nos representan a nosotros, cíclicamente.

Una mujer es humillada. El tono de la humillación se graba en su linaje. Su hija, su nieta, desarrollarán el mismo tono poniéndose inconscientemente en una postura que favorezca ser humilladas o para humillar.

El niño víctima de tocamientos pedófilos tendrá como válvula de escape (de «toma de tierra») un obsesivo sentimiento de pertenencia a su agresor, de haber sido abandonado por sus padres, desarrollará la tendencia a relacionarse con gente más joven que él y puede que llegue a tocar impúdicamente a otros niños para no sentirse solo en su angustiosa experiencia.

> «... toda mentira nos coloca "fuera de la realidad".
> Estar fuera de la realidad es como estar muerto».
>
> ELISABETH HOROWITZ,
> *Se libérer du destin familial*

La proyección parental
desconocida

Todo empieza con un encuentro... Un hombre y una mujer se sienten atraídos el uno al otro porque sus cerebros han detectado alguna similitud interesante, como una cierta complementariedad entre las vivencias de sus ancestros, «sus vidas anteriores», similitud o complementariedad que se materializan de igual modo en sus cielos natales (estudiados por el astrólogo). Eso puede ser el revulsivo, con sus besos encendidos, como dos «gemelos simbólicos» que se encuentran.

La unión amorosa o procreadora es análoga a la unión molecular, que no es posible si sus geometrías no son compatibles, si la energía que las anima no las empuja lo suficientemente fuerte, durante el encuentro, si no se aproximan en el ángulo correcto.

Los árboles genealógicos deben, pues, ser geométricamente compatibles. Durante un encuentro, ambos cerebros saben si la unión es propicia para nuevos nacimientos, a ciertos reglamentos antiguos, a oportunidades para evaluar el uno gracias al otro. La elección de una pareja para procrear está también subordinada a un inventario mutuo de genes, establecido sin que lo sepamos.

Cuando dos individuos están uno al lado del otro, es probable que sus cerebros ¡compartan sus respectivos cromosomas! Cuando se pidió a unas jovencitas que eligieran, entre diferentes camisetas que habían sido vestidas por hombres, el olor que preferían, cada una de ellas se sintió atraída por el olor de un hombre genéticamente muy diferente a ella. Entre una similitud completa y una diferencia total de genes, los cerebros prefieren la diferencia, obedeciendo así a un principio arcaico de selección de experiencias complementarias útiles para la supervivencia de la especie. Pero parece que, si es posible escoger entre una pequeña concordancia genética y una diferencia completa, los cerebros acaban optando por la pequeña concordancia.

El encuentro de dos progenitores tiene lugar y fecha. El proyecto de un hijo está «en el aire», aunque los padres no sean conscientes de ello. Este aire une los dos árboles que buscan compensar sus carencias, uno gracias al otro, como Argan, en la pieza de Molière, quiso que su hija se casara con el Dr. Diafoirus, para tener en casa a un médico que se ocupara de su salud.

Aunque los padres deseen (conscientemente) no tener hijos, la savia de los árboles empuja y puede que, a pesar de todo, haya fecundación si está «escrito» que así sea en los árboles respectivos. Todo niño es forzosamente deseado por los árboles de ambas genealogías. Para algunos puede ser reconfortante saber esto. ¿Qué saben los árboles de nuestros jardines sobre cuántas hojas, cuántos frutos les brotarán en primavera?

El ambiente de la fecundación

En el momento de la concepción, los problemas de los padres –debidos a los problemas angustiosos de los árboles genealógicos (el desarrollo, el enriquecimiento familiar o la bancarrota y la regresión, etc.)–, sus inquietudes, sus ansiedades, sus luchas, su felicidad, su vergüenza, su culpabilidad, sus reproches, sus inseguridades, sus neurosis, lo que uno esconde al otro, lo que se esconden a sí mismos, marcarán al niño.

Anastasia está encinta de su marido, con el que ya no se lleva bien, cuando conoce a Boris y se enamora de él. Pero éste, cuando se entera de que ella está embarazada del marido rompe la relación. Anastasia queda muy afectada. Veintidós años después, su hija cayó en una depresión, se aisló en su habitación con la única compañía de una tele, sin proyectos ni amigos ni marido ni hijos. Lo que programó esa depresión y esa esterilidad fue el mensaje «un hijo lleva a la separación, al rechazo y a la tristeza».

Uno de los padres puede querer tener un hijo para retener a la pareja a su lado, sabiendo que quiere irse, de manera que el bebé recibe la información «el movimiento es peligroso» y podrá desarrollar una parálisis a lo largo de su vida o verse incapaz de pasar a la acción cuando lo necesita.

Durante su embarazo, la madre de Annie se enteró de la muerte de su hermano en un bosque tropical, donde lo encontraron en avanzado estado de descomposición. Su alegría por ser mamá no podía expresarse porque se sentía triste por su hermano y tuvo que cuidar de su desconsolada madre. Annie se vio toda la vida privada de alegría, desarrolló una hipoglucemia cuyo conflicto era la repugnancia (debida al sentimiento que experimentó su madre durante la gestación al imaginar, reiteradamente, el cadáver descompuesto de su pobre hermano).

Goupil y Goupille

Un zorro y una zorra se conocieron
un invierno particularmente riguroso.
Muertos de hambre, encontraron refugio y pitanza
en una cava de quesos.
Esto pasó en Saboya.
Allí se unieron. Y nació un zorrito,
que fue experto en el arte de seducir a los cuervos
que llevan un trozo de queso en el pico…

Los conflictos antiguos no resueltos de los ancestros y los sentimientos de los padres en el período de perigestación se imprimen en el feto. Esta impresión fue denominada «proyecto-sentido inconsciente parental» por mis profesores. Yo prefiero «proyección parental desconocida» porque la fórmula me parece más ajustada.

Una proyección es una trasferencia: en el cine, el que sale en la película se proyecta sobre la pantalla. La película, propiamente dicha, ha sido impresionada por una vivencia anterior, un juego de actores. Nuestra realidad podría ser como una especie de holograma (una reproducción tridimensional a partir de información memorizada, celular).

Esta proyección es inconsciente, desconocida, porque ninguno de los progenitores normalmente es consciente del escenario que se imprime sobre la película que es el niño que viene.

La Anunciación a María e Isabel podría ser esta proyección parental desconocida. Las concepciones de Jesús y de Juan el Bautista, mediante el Verbo y un ángel ¿no pone de manifiesto el valor de esta «telecarga invisible de un proyecto», con su escenario y su planificación vital ya trazada, que ahora redescubrimos?

A los lectores que creen que el alma que se reencarna proviene de personas muertas externas a la familia, que son entidades «forasteras» les recuerdo que hacia el año 1000 (alrededor de 30 generaciones antes de nosotros) cada uno de nosotros tiene unos 4 millones de ancestros. Sin embargo, no había 4 millones de personas en esa época, de manera que se pueden deducir numerosos matrimonios en segundas nupcias y numerosas relaciones extraconyugales. En realidad, no hay ni exterior ni interior, todos somos de algún modo «primos hermanos», todos más o menos en fase y más o menos aptos para recibir las misiones que vienen de algún punto de la inmensa familia humana...

La vida del niño comportará, como prescribe su escenario, momentos felices y enfermedades, depresiones, profesiones equivocadas y relaciones con personas con las que no conviene relacionarse, etc. La imposibilidad de ser feliz en pareja puede deberse, por ejemplo, al hecho de que los padres casados sin ganas (en el mejor de los casos) viven permanentemente añorando un amor perdido o una relación a su gusto. La solución biológica para no sufrir es no amar o no dejarse amar, o bien amar a una persona idealizada e imaginaria, en cualquier caso inexistente (el mito de la mujer ideal, por ejemplo).

Sufrimos por sobredosis
de sistemas de seguridad y por analogía.

El período intrauterino

Los huevos de los pájaros cantores, incubados por pájaros no cantores, dan pájaros que no cantan, según explica el Dr. Tomatis en su obra *La vie utérine*. Es decir, la importancia de la información que pasa de padres a hijos en el período de gestación o incubación es incuestionable.

El cerebro del feto establece ecuaciones a partir de todo lo que percibe. Si el embrión se siente «como un problema para su madre», engordará para seguir existiendo a pesar de todo, o no crecerá como si quiera desaparecer. Los investigadores han demostrado que el feto piensa desde el sexto mes de gestación. El feto también percibe el estrés vivido por el útero antes de su llegada (abortos, falsos embarazos...). En los embarazos gemelares, cuando uno de los embriones muere, el otro experimenta angustia por la pérdida y separación y, más tarde, puede que viva con un inexplicable sentimiento de culpabilidad. Quizás se vea empujado a vivir dos vidas paralelas, las relaciones serán de extrema importancia para él (amistosas o sentimentales) y también experimentará las maravillosas complicidades que vivió en sus primeros días de gestación.

Lo que dicen los padres, el entorno, aunque sea meramente anecdótico, puede adquirir una gran importancia para el niño *in utero*. Tomará como propias, sin poderlas analizar, las emociones de los padres, su estrés (lo que dicen los amigos, los vecinos, ruidos, etc.) y, más tarde presentará problemas en relación con ese tipo de estrés.

Los ruidos estridentes oídos en un momento en que las orejitas del feto se están formando programan una hipersensibilidad a los ruidos. El chirrido de una radial puede provocar en el feto un arcaico «miedo a la bestia», explica Hamer, y provocar un pie deforme (por el conflicto de no poder escapar del vientre materno en peligro).

El trabajo del parto

Tras unos 9 meses de navegación en un mar tranquilo, con un cordón nutricio permanente, un filtro placentario protector, lo que sienta durante la última travesía hacia el nuevo universo aéreo marcará el tono, el color del individuo para toda su vida. Los conflictos biológicos del árbol, en relación a la filiación, la sexualidad, el incesto, las violaciones, las prohibiciones religiosas sobre el placer, empujarán a un parto particularmente doloroso, largo y problemático. Estas memorias aportan tensiones musculares o problemas motrices que impedirán al bebé salir, porque puede haber un deseo inconsciente de vengarse del ancestro que el niño va a remplazar. El canal del parto graba mensajes en el bebé que sale... como el láser graba los CD.

El instante del nacimiento es sagrado en tanto que único. Nacer puede ser el trauma más brutal que un ser humano vaya a vivir.

La sobremedicación en el parto (con drogas para acelerar o retrasar, para anestesiar, el generalizado empleo de fórceps, el miedo entre el personal sanitario o en la madre, etc.) y el acogimiento que se le hace al bebé (las luces, la temperatura, el ruido, el estrés, la sección del cordón umbilical demasiado brusca, el alejamiento de la madre durante minutos, a veces horas) añaden sufrimiento a la dura prueba del nacimiento en sí mismo, hacia la nueva vida aérea.

Konrad Lorenz fue uno de los descubridores modernos del fenómeno de la impronta, y sus experiencias con las ocas son, actualmente, célebres: los bebés oca que, al salir del huevo, ven a un ser humano lo consideran su propia madre y lo siguen a todas partes.

El momento en que la prole ve la luz, con todas sus vivencias, es un momento del espacio-tiempo en el cual todo lo que se va a vivir se imprime primordialmente y dará el «tono» a la vida del individuo. Por otra parte, el aprendizaje está particularmente facilitado en esta época de la vida porque el sistema nervioso está en plena constitución, las neuronas se producen en gran cantidad. El bebé tiene «la ventana abierta» y se empapa de todo lo que le envuelve, como una esponja, con todos sus sentidos puestos en la vida que lo rodea, memorizando todo lo que percibe. Las paredes uterinas de la mamá se sustituyen por el aire, aire que no parece tener límites. La primera impresión es «la buena».

Terra Incognita
Un explorador intrépido desembarca en una isla nueva, y es capturado y torturado por una tribu indígena durante un largo período.

En este período de larga tensión pudo escaparse. Esta desgraciada experiencia queda imprimida y su cerebro automático lo mantendrá «en pie de guerra», en estado de vigilancia permanente, aunque el peligro ya no exista, cada vez que ponga un pie en tierra firme. Creará, asimismo, situaciones conflictivas, de gran tensión, para justificar su estado de permanente alerta, para exorcizar sus antiguos sufrimientos. Porque su cerebro habrá establecido la ecuación que para sobrevivir se necesita tensión y que, después de ésta, llega la libertad.

La forma de nacer modela alguna cosa en relación a la personalidad. El nacimiento puede ser desgraciadamente largo, lleno de angustia, de dolor, de asfixia y de sufrimiento que el bebé no podrá analizar, evacuar ni comprender. Un bebé indirectamente anestesiado se sentirá incapaz de salir de las cosas por sus propios medios, tendrá que pedir ayuda y caerá fácilmente en el agotamiento. Esas sensaciones constituyen un prototipo comportamental que le perseguirá a lo largo de toda su vida. Será un adulto impotente para alertarse, avanzar, y dependerá de otros, tendrá una fuerza insidiosa en contra (porque está grabada en su memoria, la anestesia primera).

La energía empleada en el sufrimiento natal se acumula en las partes del cerebro que pueden, teniendo en cuenta la edad del individuo, y buscará –como toda energía digna de ese nombre– expresarse a espaldas del individuo. Una vivencia tal comportará excesos de prudencia, reacciones difíciles, creencias erróneas por obsoletas, dificultades relacionales, profesionales o sexuales.

Las estadísticas americanas han demostrado que cerca del 100 por 100 de los criminales, fanáticos y terroristas tuvieron nacimientos traumáticos, sucedidos por falta de afecto durante la infancia. Evidentemente, ninguna madre es responsable de su forma de parir. Las madres hacen lo que pueden con los baúles genealógicos que han heredado. La desprogramación, el conocimiento del propio árbol genealógico puede rarificar los partos difíciles. Además, animan a partos sin violencia, como propone Frédéric Leboyer, como solución a muchos problemas de la vida.

La vida posnatal

El niño llega. No sólo desequilibra el universo de sus padres sino que ofrece una nueva primavera a su árbol, que se engrosa más y se alivia al ver que un nuevo ser se encargará de determinadas misiones. Es la tercera persona en la tríada que forma con sus padres. Según sienta que es una fuente de felicidad o no para ellos, reaccionará con recursos diferentes. Con la primera angustia seria que sienta, desarrollará una estrategia. Si ésta resulta eficaz, la guardará como recurso universal y la utilizará preferencialmente a lo largo de toda su vida. Aprenderá a jugar con el mundo mental de sus padres, se servirá de sus polos de interés para actuar sobre ellos. En contrapartida, en *feed-back*, sus padres reaccionarán según su interpretación, su léxico genealógico, sus creencias. De este encadenamiento puede salir lo peor (autismo, violencia, gritos, chantajes, «¡qué asco de niño!») o lo mejor (resiliencia, risas, reproches que duran poquito).

Conviene leer *Les vilains petits canards* de Boris Cyrulnik y las obras de Françoise Dolto.

En las diversas etapas, oral, anal, edipiana, los dramas que podrían atacar la vida del pequeño, como la separación de su madre, la pronta llegada de otro hermano pequeño o de una hermanita, por ejemplo, producirán comportamientos y síntomas específicos (en la fase oral puede ser bulimia, en la anal estreñimiento…).

Maxime, de 3 años, vive un momento angustioso. No se siente querido. Percibe que cuando hace las cosas bien hechas sus padres parecen quererlo. Esta estrategia se convierte en su medio para conseguir afecto. Durante toda su vida, se moverá por el deseo de tener éxito y lo conseguirá en su vida profesional (es el lado positivo de su estrategia), pero no podrá soportar el fracaso y, cuando fracase, se sentirá frustrado y muy desgraciado. Cuando su mujer muere por un cáncer, lo vive como un fracaso personal y se abandona al alcohol llevado por las emociones negativas.

«El individuo que ha debido librar una batalla para nacer se las arreglará en la vida para que todo sea una lucha».

Arthur Janov, *Empreinte,* R. Laffont, editor.

¿Dónde, cuándo, cómo?

¿Dónde? El itinerario de las programaciones

En un árbol, pongamos un pino como ejemplo, lo que vibra al unísono con la madera del tronco es la nueva madera del año. Lo que vibra al unísono con las hojas del año pasado son las hojas del nuevo año. Y lo que vibra al unísono con un ancestro-fruto y sus preocupaciones frutales es el fruto nuevo.

En el seno del linaje Dupond, sólo los descendientes que vibran al unísono con un ancestro podrán resolver el problema de dicho ancestro desaparecido. De este modo, tan lógico como natural, se trasmiten las memorias de las dificultades vividas. Por esta razón, todos los hijos de una misma pareja son realmente distintos entre sí, tendrán destinos muy diversos aun teniendo la misma sangre y los mismos ancestros.

Cada uno de ellos ocupa un lugar preciso en la fratría (primogénito, segundo, benjamín…) y puede heredar el programa de un ancestro que haya ocupado el mismo lugar en su fratría.

Además, cada uno de ellos llega en un período particular porque los padres evolucionan con cada hijo, al menos en un ámbito, material, sexual, emocional, intelectual, espiritual y tienen, en el momento de la concepción de cada hijo, expectativas y deseos diferentes. Los padres viven acontecimientos locales, nacionales o mundiales distintos, el entorno puede influir también en la decisión del mejor momento para concebir. El nombre dado al nuevo niño, si se encuentra en el árbol, puede hacer que el bebé ocupe el lugar del ancestro que lleva su nombre. Todo ello explica por qué los hermanos y hermanas no tienen los mismos destinos, unos triunfan con facilidad mientras que otros lo pasan mal o fracasan. Las proyecciones parentales desconocidas son diferentes, los ancestros que «influyen» no son los mismos. Los niños concebidos en momentos difíciles para los padres tienen más problemas que los concebidos en momentos prósperos.

¿Cuándo? El momento de aparición de un manifiesto

Los problemas, las enfermedades, así como las alegrías, ocurren en momentos precisos de la vida, están predeterminados. Imagina que la memoria de dificultades de la genealogía, de nuestros padres, las nuestras mismas, se expresaran todas en el mismo momento. ¡Menudo caos! Desarrollar cincuenta enfermedades-soluciones al mismo tiempo sería fatal. El orden cronológico es una solución adecuada para la supervivencia. Cada cosa a su tiempo, así el cerebro del individuo puede leer las memorias una detrás de otra. Así puede resolver cada uno de sus problemas y, si no tiene conciencia de ello, reaparecerán cíclicamente, como una hernia de rueda de la bici va frotando la horca en cada vuelta.

Cuando una angustia, con su «emoción» asociada, ha sido memorizada, se presentará cíclicamente en la vida del descendiente. Una vez, dos veces, sin desencadenar enfermedad alguna, pero quizás la tercera o la cuarta vez será la buena si el individuo «no ha comprendido» el mensaje. Todo sucede como si la emoción, en cada ciclo, acumulara progresivamente energía cinética antes de desencadenar la somatización. Si no evolucionamos a tiempo útil (desembarazándonos de los conflictos), la rueda de la vida puede hacernos pagar muy cara la negligencia.

Claude-Henri: «Cuando nací me separaron de mi madre para meterme en una incubadora; con 11 años, mis padres me internaron en un colegio (sufrí mucho al verlos alejarse por las grandes escaleras del internado); con 22 años me mandaron a la guerra de Indochina; con 33 años vi cómo mi padre se caía escaleras abajo y con 55, mi mujer se fue con otro hombre y a mí se me paralizó la pierna izquierda». (Solución del cerebro para no tener que ir a ningún otro internado ni a ninguna otra guerra). Ver cómo su mujer lo abandonaba por otro debió ser traumático, sin duda, así como tener que ir a la guerra, pero lo peor fue que lo metieran en un internado con 11 años, después de haber sido separado de su madre nada más nacer. Está claro que el estrés de los 11 años y del nacimiento mismo deben ser muy considerados por el terapeuta a efectos de curar su parálisis. En este caso, a simple vista podemos observar que los ritmos del destino de Claude-Henri son cada 11 años.

Los pasillos del tiempo

Lo que hace el comportamiento patológico de un individuo o de uno de sus órganos (o incluso su vida) inexplicable, anormal, a ojos del observador, son los límites temporales del marco en que se encuentra el observador, por supuesto.

Una niña tiene un tic, proyecta su cabeza hacia la izquierda con fuerza. Este comportamiento es «patológico» porque resulta incoherente en el espacio-tiempo de vida de esa niña. No puede ser, de ningún modo, la solución a un problema vivido por ella. El acontecimiento que está en el origen de este comportamiento sólo puede existir en su memoria programada. El observador que, frente a un individuo aquejado de una patología, inicia el recorrido por el pasillo del tiempo descubre, en las profundidades del árbol genealógico o en la infancia del sujeto, el acontecimiento que ha dado lugar a la patología y puede ayudarlo a curarse.

Pasan algunos años, algunos trayectos elípticos alrededor del Sol, entre el acontecimiento sin solución y el comportamiento-solución simbólico, o entre el ancestro que estuvo angustiado y uno de sus descendientes. Es el «desfase» temporal y la cronicidad del síntoma o del comportamiento lo que los hacen patológicos.

La trasformación de un acontecimiento en conflicto

Entre los millones de acontecimientos que tienen lugar en la vida de un individuo (el nacimiento de una hermanita, el gato que le regalaron, el ruido del tren, el paso a la vida profesional, un insulto, una muerte, etc.), sólo algunos episodios desencadenarán conflictos. La pregunta: «¿cómo hace una persona para crearse problemas a partir de acontecimientos que, sin embargo, no representan ningún problema (o no los mismos problemas) para otra persona?» encuentra respuesta en las programaciones invisibles. Las «reacciones emocionales» están programadas, lo que significa para la gente cierta predeterminación en su calidad de vida. El hombre se crea problemas a partir del «material de cada día» únicamente si lleva dentro el prototipo de dichos problemas.

En 1920, Gaspard, ebanista, hijo de un tallador de piedras, se casó con una joven noble en contra de sus suegros. Éstos la desheredaron y murieron llenos de reproches pocas semanas antes de la boda. Gaspard fue engañado y abandonado en varias ocasiones por su esposa, vivió esos acontecimientos con la sensación de ser permanentemente traicionado (a pesar del compromiso de fidelidad del matrimonio, a pesar del amor que sentía por su mujer, a pesar de todo lo que hizo por ella), y murió con esa amargura. El mensaje para la descendencia fue: «En la vida uno se ve traicionado por los que ama» y «El amor entraña muerte». Dos de sus nietos eligieron como él, de entre todas las mujeres posibles, se casaron con las que los iban a engañar, experimentando ellos también la misma emoción: el amor imposible y mortífero. Ambos cayeron en una depresión. Uno de ellos, que seguía sufriendo la traición de su esposa 45 años después, desarrolló una hipertrofia de próstata, una hernia inguinal y un cáncer de colon.

Nadie es víctima y nadie es culpable, cada uno se sirve de otro para revelar, durante la vida, las emociones y los sentimientos congelados dentro de sí que sufrió un antepasado, con recursos inadaptados y creencias limitadoras. ¿Odiarías a un actor que sólo has visto en una obra de teatro por el simple hecho de que hace el papel de seductor que se lleva a la esposa de alguien lejos de casa? ¿Acaso el escenario no está ya predeterminado antes de las repeticiones?

140

Hay, pues, problemas recurrentes que preocupan a un linaje durante varias generaciones. El primero que inyecta una memoria de estrés en el árbol es, evidentemente, el que tropieza con un problema completamente nuevo, de modo que no sabe reaccionar adecuadamente. El árbol genealógico vive, evoluciona en el seno de su bosque. Sufre la suerte del bosque, que sufre a su vez la implacable lógica kármica terrestre (El «nada se pierde, nada se crea» de Lavoisier) y cósmica.

Visión y previsión

Que el «especialista del destino» tenga un don de videncia o que deje que el inconsciente del consultante sea quien elija (a través de símbolos, etc.) o bien que sea un astrólogo que sepa descodificar la simbología de los planetas en el momento del nacimiento para conocer el pasado y deducir los períodos delicados o favorables del porvenir, lo importante es que tenga acceso a las programaciones invisibles. Nuestro camino está predeterminado, nuestro porvenir está ya prediseñado y si no borramos ese destino, el futuro se cumple según el patrón del pasado.

Pero el cerebro es también un ordenador apto para dirigir al individuo hacia su propia realización, la concretización de las predicciones en las que cree. También, el anuncio de problemas nuevos sin explicaciones sobre cómo gestionar las proyecciones puede ocasionar conflictos. ¡El miedo a una cosa la atrae para que el miedo desaparezca!

Vamos a retomar el mito griego: un oráculo anunció al rey Layo que su hijo sería el instrumento de su muerte. Layo, presa del miedo, pidió a un servidor que matara a su hijo. Pero el servidor no pudo asesinar a un bebé y lo confió a unos pastores. Una vez adulto, Edipo abandonó su país natal. Por el camino, fue gravemente insultado por un hombre, Layo, con cuyo carro chafó el pie de Edipo. El joven se defendió y Layo se vio arrastrado por sus caballos y así murió. ¿Habría sido Edipo el instrumento de la muerte de su padre, si éste no hubiese creído a pie juntillas en el oráculo? Probablemente no.

El miedo a algo hace que suceda... Mientras que el conocimiento del pasado permite otra reacción. ¿No es el secreto de su nacimiento lo que puso a Edipo en el camino de su padre?

Esto no es nuevo

En la Biblia se hace alusión a programaciones trasgeneracionales. En efecto, en el libro del Éxodo, capítulo XX, se puede leer: «Soy un dios celoso que castiga la iniquidad de los padres en sus hijos, hasta la tercera y la cuarta generación de los que me ofenden».

También encontramos: «Los padres comerán uvas verdes y sus hijos tendrán los dientes ácidos», que puede entenderse (la palabra viene del latín *aceo*, 'acidificar'): «La acidez de la vida de los ancestros convierte la vida de sus descendientes en amarga».

Abandonar el conflicto

La comprensión de las programaciones trasgeneracionales permite un elogio a las enfermedades y al destino. Porque, si bien la enfermedad o la repetición de acontecimientos desagradables parecen no tener razón de ser para el individuo, percibimos fácilmente su pertinencia cuando observamos lo vivido por sus ancestros (o el objetivo de su linaje), con todos sus dramas y todas sus esperanzas inalcanzadas.

Este sistema es bueno para el linaje, pero no para el individuo. Pero pensemos que también es este sistema el que ha conseguido traer nuestro linaje hasta nuestros días y nuestro reto es aprender a trascender, liberarnos de las antiguas limitaciones. El niño se «enriquece con el sufrimiento de sus ancestros», con riesgo de que su vida se vea empobrecida. Pero ningún consejo es excesivo para el linaje que quiere vivir más y más en el tiempo.

Ser conscientes de lo que han vivido nuestros antepasados, sobre lo que ha programado nuestras alegrías y nuestras penas no es condenarlos ni acusarlos. Es desde la comprensión desde donde podemos curarnos y evolucionar. No hay culpables, cuando entendemos la situación, ni acusaciones contra nadie, sólo la forma de tomar las riendas del mecanismo trasgeneracional.

Nuestra vida está trazada, predefinida, pero no se trata de bajar los brazos y echar pestes de los ancestros como si sólo ellos fuesen los responsables de lo que nos pasa. En el momento en que estamos informados sobre el proceso trasgeneracional, estamos un poco más vivos, somos un poco más actores, un poco más conscientes, la capacidad para actuar sobre nuestro destino crece, como un frágil tallo que se abre camino hacia la luz.

La fidelidad que demostramos permanentemente hacia nuestro árbol, hacia los antepasados (aunque los detestemos) suele ser más problemática que otra cosa, sólo porque no tenemos conciencia de ello. No tenemos ni idea de esa fidelidad ni de las cosas que nos obliga a hacer. ¿Qué es esa fidelidad? Una atracción aparentemente segura, calmante. El aislamiento es una de la sensaciones peores y más peligrosas que pueda experimentar un individuo. Tenemos necesidad de pertenecer a un grupo, a un clan, para sentirnos protegidos (la unión hace la fuerza), para cazar, para proteger la caza, las reservas, para tener una dirección concreta.

Por otra parte, la pertenencia primordial del individuo es a su árbol. Un árbol es una protección que también puede alimentar al que lo habita. La imagen es agradable, especialmente si tenemos en cuenta que descendemos de monos arborícolas... Antes de tejer lazos con los amigos, con compañeros del cole, del trabajo, antes de diferenciarnos, estamos unidos a nuestro árbol genealógico. Y este árbol que ha conocido angustias y estrés, pruebas difíciles y pérdidas desprende un «aura» particular que será referencia de referencias.

Lo que hace que en cada cruce de nuestras vidas aparezcan oportunidades y caminos alternativos es esta fidelidad al clan, al árbol que hace oír su voz. Evolucionar supone, pues, hacerse esta pregunta: ¿quién lleva el mando? Esta profesión que he escogido ¿es mi verdadera vocación, lo que me hará feliz o, por el contrario, lo he escogido por fidelidad al árbol («mis dos grandes abuelas eran sirvientas y yo hago faenas» o «mis bisabuelos eran industriales y yo he estudiado empresariales»)?

Tras la ruina en que he caído, volveré a la educación pública como profesor, pero esta ruina ¿es debida a mi incompetencia o a una ecuación elaborada en mi árbol («mis bisabuelos se separaron mientras compartían un negocio»)? ¿Es que para tener pareja no se puede tener un comercio?

La búsqueda iniciática que nos permite evolucionar pasa por arrojar luz sobre esas fidelidades seguras. Autorizarse a pensar de otro modo que la familia ancestral, comprender que no se puede cambiar a los demás pero uno puede cambiarse a sí mismo para ser lo que piensa, que la realidad, el mundo sean lo que uno quiere que sea, cesar de juzgar son los medios para acceder al libre albedrío tan deseado. La opinión que tengamos sobre el destino, sobre la enfermedad puede ser nuestra zancadilla. Es grato aceptar lo que uno es y es positivo visualizar con confianza lo que se desea.

«Nacer en una familia es, por así decirlo, ¡estar poseído!»

ALEJANDRO JODOROWSKI,
Le théâtre de la guérison, Albin Michel

No son las emociones
de las que tenemos conciencia
sino los que hemos olvidado,
los ocultos,
de nuestro árbol genealógico
los que crean
nuestras dolencias y destinos.

Si no fuera el caso,
ya nos habríamos
curado
de enfermedad y destino.

TERCERA PARTE

Imagina

Una vía terapéutica

Tanto si el objetivo es curarse de un comportamiento psiquiátri-
co, de un efecto no deseado del destino, de una enfermedad o de
prevenirlos, la manera de proceder es la misma. Además, la curación
de un grupo, de un pueblo, de una nación, de sus comportamientos
problemáticos pasa por el mismo tipo de investigación terapéutica.

Proceso de la enfermedad y de la autocuración

● Información de angustia memorizada + acontecimiento catalizador

Enfermedad orgánica o comportamental, camino de vida

Toma de conciencia, información contraria

▼ Curación

Cuando la vida nos permite resolver concretamente un conflicto, y si
eso pasa a menudo, no siempre somos conscientes de lo que está en
juego (un problema de la infancia o más antiguo, genealógico) y el
conflicto puede reaparecer más tarde. Por el contrario, una resolución
tomada siendo conscientes de las programaciones, con una evolución,
un regreso a la realidad es equivalente a arrancar las malas hierbas de
raíz. La planta no volverá a crecer.

En tanto que una información no se borra es representable. Aunque una angustia tenga una antigüedad de doce o de doscientos años, es siempre una instantánea viva, potencialmente representable. La emoción vivida por el individuo se convierte en el catalizador (activador) de la reacción adaptativa (enfermedad fría), y el acontecimiento contrario o la presión del terapeuta se convierten en el catalizador (facilitador) de la reacción reparadora. Terapias breves centradas en la investigación de la angustia y el acceso a la libertad de análisis y de acción se imponen como el medio más seguro (y menos costoso) de curar (y de prevenir) las enfermedades. Debería coexistir (y por qué no en el mismo sitio) una «medicina de efectos» (la medicina alopática de urgencias, con técnicas operatorias punteras) y una «terapéutica de las causas». Por el momento, tal complementariedad no está a la orden del día en nuestro sistema médico, que ya tiene bastantes problemas en perder un mínimo tiempo para escuchar y consolar a los enfermos.

Curar la causa

Si los tratamientos antisintomáticos tienen utilidad para resolver o superar un conflicto que parece difícil, imposible o peligroso, el objetivo terapéutico consistirá en buscar, hacer que el paciente encuentre la información buena (la emoción) para curarse verdaderamente. A partir de un diagnóstico médico preciso, establecido gracias a las analíticas clásicas (sangre, orina, radiografías, etc.) o a partir de otros exámenes (escáneres cerebrales, IRM, iridiología, energías, proteína en sangre, etc.), el terapeuta puede encontrar (mediante el conocimiento del papel de cada tejido, de cada función, de cada órgano) cuál es la naturaleza de la emoción que el enfermo debe rencontrar.

Luz y tinieblas

La puerta es estrecha… Es una información precisa la que propiciará la curación. Lo que empuja a que la curación se produzca es la información del conflicto ¡siempre es eso! Falta, pues, localizar esa información, descubrir su marco espacial y temporal. Y no siempre es fácil porque la gente olvida. En las explicaciones del apóstol Lucas, Jesús explica la incidencia de la ocultación, del «rechazo inconsciente» en el tema de la salud: «Tus ojos son las lámparas de tu cuerpo. Cuando tus ojos están en buen estado, todo el cuerpo está iluminado, pero cuando tus ojos están en mal estado, tu cuerpo está entre tinieblas». Todo individuo en conflicto tiene una zona pequeña de la ventana, opaca, que le impide el paso a la luz de la conciencia. Hay un momento de aberración, de olvido, de confusión en la percepción que se tiene de la propia historia y del presente. Es incapaz de ver cosas que los demás, a veces, sí que ven. No puede ver el origen del problema porque está muy alejado de la realidad, ha pasado al mundo de la ilusión.

La importancia de la mirada de otro

Para curarse de una dolencia manifiesta, ya sea un dolor de estómago, de un cáncer de mama, de la esterilidad, de una tendencia a ser desordenado, a enamorarse de personas con pareja, a recurrir a los IVE (interrupción voluntaria del embarazo), a hacer eczemas, a la enteritis o a la aerofagia, a ver todos los accidentes que pasan en la carretera, a tener menstruaciones dolorosas, a padecer sofocos, a las hernias discales, hay que buscar el problema de base de donde se desprende la compensación simbólica, la solución biológica.

Para ello, necesitamos de los ojos de otra persona. Si queremos encontrar nosotros solos la información escondida en nuestras oscuridades, en el «gran norte», tenderemos a buscar allá donde haya luz, es decir, que nos sentiremos atraídos por acontecimientos y emociones asociados con los recuerdos de que disponemos. El viaje es infructuoso porque ésas no son las emociones, ésos no son los acontecimientos que han desencadenado la enfermedad u otras manifestaciones, sino los que ya se han olvidado para nuestra propia protección.

Es posible, pero muy difícil, hacerse autoterapia. Como dice Jean-Yves Leloup, «para ir hacia uno mismo, necesitamos de la mirada de otro».

La otra persona será como un espejo que aparezca en mitad del bosque (los ancestros) que se esconde detrás del árbol que somos y que seguimos. La otra persona es un espejo que hará aparecer el conflicto biológico, la emoción de la que ya no tenemos conciencia. Esa persona puede ser un amigo, el marido, la lechera, un sacerdote, un camarero o cualquier persona que nos preste atención. Él puede percibir un conflicto en nosotros, a través de nuestra voz, de las palabras que usamos, de nuestra entonación, nuestros gestos, nuestras peticiones, etc., y nos lo devuelve (en forma de puntualizaciones, consejos o palabras de consuelo) bajo una forma incomprensible para nosotros. La otra persona es como un trasformador que, bajando la tensión eléctrica, permite usar dicha energía.

El terapeuta de descodificación biológica es un espejo especializado muy eficaz que lleva rápidamente al enfermo hacia la memoria escondida, a la zona de rechazo que corresponde a su problema. La sensibilidad de la escucha del terapeuta, sus observaciones, su intuición, su empatía, su experiencia vital, sus conocimientos psicológicos, en anatomía, en patología, su comprensión de las interfaces emociones/compensaciones biológicas, le permiten estudiar todos los indicios que desprende constantemente el inconsciente del consultante. Acontecimientos de la vida, enfermedades, analogías de fechas, correspondencias entre cifras, nombres de calle, nombres en la familia, apellidos, oficios, posturas, gestos que acompañan al lenguaje, lapsus, palabras recurrentes o incongruentes, nombres y oficios de los amigos, averías en los objetos familiares, enfermedades de los animales domésticos, ciclos celulares memorizados, incoherencias en la percepción de la cronología de los acontecimientos, olvidos, sueños, pesadillas, dudas, silencios, anomalías en la curva de frecuencias de la voz, etc., se convierten en signos coaxiales que señalan programaciones y circunstancias desencadenantes.

La inversión del consultante

Lo que se manifiesta en el individuo (enfermedad o destino) expresa la historia de su árbol y lo que le afecta. Es, también, el lazo entre lo que es real para él, lo que es imaginario y lo simbólico que interpela. ¿Cuál es la parte real y cuál la imaginaria, cuál es la simbología de su conflicto biológico? La enfermedad es la compensación de un conflicto, el conflicto nace de una ilusión (la idea que uno se hace de una situación); entrar en una realidad neutra, salir de la ilusión, posicionarse en un «sí» o un «no» y no quedarse entre ambos es altamente terapéutico.

Si bien encontrar la información maldita es, sobre todo, tarea del terapeuta, curar definitivamente de una manifestación, «erradicarla en sí misma», esto implica un cambio en el paisaje interior, un desembarazarse por parte del consultante. Ello requiere de mucha tensión, de esfuerzo, ocasiona pérdida de energía, empuja a conseguir el objetivo. Desembarazarse es abandonar la dificultad. La curación depende, en ocasiones, de un reconocimiento, de comprensión, de un duelo que acabar, de aceptación, de decisión firme y de un rencuentro con el sentido del acontecimiento vivido.

El enfermo que comprende el papel de las enfermedades, y encuentra sentido a la suya propia, accede a una serenidad que contribuye a la rápida vuelta a la salud, evitando que recaiga en ese conflicto y que desarrolle otros nuevos. La seguridad de curación es un motor de cura por sí mismo (recordemos las curaciones debidas a un efecto placebo) porque el cerebro se vuelve apto para conseguir un objetivo visualizado. Tanto si consideramos a este fenómeno como cibernético o como profecía autorrealizadora, es usar dicha aptitud para curarnos y ver nuevos y más felices horizontes.

Para no volver a caer en la misma enfermedad en el futuro, puede ser necesaria una conversión interna y ésta es más fácil de llevar a cabo si se descubre el funcionamiento íntimo del individuo (su «estructura psíquica») y si se aprende a ampliar el marco en el que se ha dejado encerrar.

Procedimientos de aproximación

1. Tomar conciencia de la existencia de la manifestación problemática. Esta precisión puede parecer superflua, pero hay numerosas anormalidades frías del cuerpo, indoloras e impercep-

tibles. Cuando se trata de un comportamiento (un miedo, una extraña fidelidad, por ejemplo) es aún más difícil de percibir.

2. Pedir cita con el terapeuta. El cerebro, a partir de ese preciso momento, registra el objetivo «evolución y curación». La curación se inicia en ese momento.

3. El terapeuta explica el papel desempeñado por las enfermedades, lo que las desencadena, lo que las hace desaparecer, el sentido de la enfermedad.

4. La búsqueda de la emoción responsable de las manifestaciones representa el primer escalón de la terapéutica. No se trata de una «búsqueda intelectual». El terapeuta lanza la búsqueda, empuja al consultante a aproximarse, paso a paso, a su DHS. Cuando se encuentra la emoción, a menudo entre lágrimas, luz y calor en relación con la manifestación, se libera energía. En un segundo momento, el terapeuta ayuda al consultante a encontrar soluciones «ecológicas» (realistas, compatibles con su entorno) a su conflicto. Después buscará el conflicto programado en la infancia del individuo, en su «proyección parental desconocida», o en su árbol, si el consultante lo conoce.

5. La curación puede ser inmediata (en horas o en días), o progresiva, o bien pasar antes por una fase caliente.

Cuando se obtiene la curación de una «enfermedad grave», es útil volver al terapeuta regularmente para verificar que el conflicto biológico no será reactivado en un futuro.

Cuando la curación de una enfermedad fría pasa por una fase caliente, dolorosa, edematosa, inflamatoria, infecciosa, el enfermo tiene interés en comprender qué le está pasando. Si ha integrado completamente la idea de que se trata de una reparación, no se asustará, evitando el peligroso miedo injustificado. El médico prescribe, eventualmente, las sustancias justas indispensables para el buen desarrollo de la fase caliente.

Si la emoción no se localiza, el individuo habrá aprendido que hay acontecimientos y síntomas de su vida que podrían ser consecuencia de otros acontecimientos anteriores, ya olvidados. Habrá adquirido una nueva forma de discernimiento que lo convertirá en actor en su propia vida, permitiéndole prevenir futuros conflictos.

Resistencia a la curación

Enfermedades, desgracias y sufrimientos evitan al enfermo afrontar las emociones insoportables que lleva programadas. El alpinista no quita un pie del suelo hasta que no tiene el otro firmemente colocado. Los cambios previos de creencias (nuevos lastres) suelen ser necesarios para poder hablar de sufrimiento profundo (abandonar lastres antiguos). Los dogmas fundadores de la filosofía familiar («el dinero no da la felicidad», «no hay que hablar de sexo», por ejemplo) pueden tener efectos perversos que conviene desenmascarar. Cuando el individuo está listo, progresa, pasa a la etapa siguiente.

Hablamos de cronicidad cuando la resolución de los conflictos sumerge al individuo en un círculo vicioso que le impide curarse:

- El eczema es una fase de reparación por un conflicto de separación, y tocar, besar, a la pareja cuando tiene eczema puede no ser una cosa agradable, de manera que el eczematoso se encuentra (o teme encontrarse) nuevamente solo, reactivando la enfermedad.
- Un síntoma de reparación mal vivido a causa de dolores o de falta de comprensión de lo que está pasando puede desencadenar su cronicidad: «Mi reumatismo (reparación tras una desvalorización) es tan molesto que me siento aún más inútil y poco valioso».

También hay reacciones automáticas que mantienen el conflicto y agravan la patología:

- La Sra. Brun fue abandonada por su marido, por lo que experimentó un tremendo sufrimiento. Bajo los efectos de su conflicto biológico, de orden afectivo-femenino, su hemisferio cerebral masculino se hizo predominante. Se masculinizó un poco, luego engordó (reacción masculina en caso de abandono). Así, se hizo

155

menos seductora (según los cánones de belleza actual), menos femenina (hormonalmente y en su apariencia) y no conseguía encontrar un nuevo compañero, viril, como a ella le gustan. Por lo tanto, se fue sintiendo cada vez menos atractiva y su conflicto aumentaba de intensidad, su cerebro biológico aportaba una compensación arcaica haciéndola engordar aún más (cuando uno engorda es que está bien vivo y bien abastecido). Se supone que las reservas sobrantes de grasa deberían lanzar a los hombres el mensaje: «¡Mirad, puedo criar hijos!». Pero ella intentaba adelgazar. Cada vez que se pesaba, se hundía en la miseria, tenía un conflicto con su imagen y su silueta, su cerebro –como solución biológica arcaica perfecta– le hace aumentar más y más los depósitos de grasa, porque la grasa es un seguro de vida cuando el invierno de la vida se teme y se presiente. Es un círculo vicioso.

El enfermo puede tener interés en que la enfermedad continúe (la sordera nos protege del ruido y del estrés asociado a éste). La enfermedad que incapacita, arruinando proyectos e intenciones, fuerza a desarrollar cualidades, inclina al enfermo hacia una vida interior más rica, le evita desventuras más graves hacia las que su temperamento le podría conducir. La enfermedad puede ser un medio (en ocasiones el único medio) de hacer presión en el entorno para obtener apoyo, comprensión, un poco de respeto, de atención e incluso de obediencia («Cuidé de mi madre durante cinco años y quisiera que tú, hija mía, hagas lo mismo conmigo»). También permite renunciar a antiguos objetivos, sin sentirse responsable de dicho abandono. Es un comodín para salir de la competición con una buena excusa. Puede servir de desencadenante para pasar a la acción, cuando no se consigue tomar una decisión para cambiar. La enfermedad puede mantenerse de manera inconsciente, cuando nos aporta algo positivo (recuerdos agradables, preciosos) de la historia que precede al DHS. Por ejemplo: «Mi estreñimiento empezó cuando, por exigencia de mis padres, tuve que romper con mi novio. Este estreñimiento y todos los problemas que me ocasiona me han permitido seguir, durante 40 años, en contacto directo con aquella hermosa historia de amor».

El que quiere curarse de una enfermedad fría es como el marino que parte a bordo de un barco a motor. El marino es consciente de que hay un punto de no retorno. ¿En qué momento se le acabará la gasolina para poder volver a puerto? Entonces comprueba sus reservas de combustible, estima la fuerza y la dirección del viento, de las corrientes, de la marea, de las olas. Paralelamente, las reservas de energía del enfermo ¿serán suficientes para que pueda reparar su cuerpo y devolverlo a un estado «normal» y que, una vez curado, siga viviendo? ¿El que desea secretamente morir podrá superar su punto de no retorno?

Resultados

Tras estos descubrimientos, miles de personas se han curado cuando se creían ya condenadas. Las curaciones inmediatas son cada vez más numerosas. Los fracasos de los que creían que se curarían pero no lo consiguieron, obedecen a parámetros que no se han tenido en cuenta, a una paralización en el mantenimiento decidido por el enfermo, a errores humanos, pero nunca a la biología y su funcionamiento, que son los mismos para todo el mundo. Está la vida por un lado, y lo que cada cual hace con ella, por el otro. Cuando la medicina haya integrado estos descubrimientos, abandonando ciertos dogmas, las oportunidades de curación serán mucho más elevadas.

La fe, desde luego, es útil, aunque sólo sea para emprender este nuevo camino evolutivo y organizar una cita con un terapeuta, pero aún es más útil para buscar con él la información necesaria y, a lo largo de todas las reparaciones necesarias, para no crear otros conflictos por culpa de las dudas. Hay gente que duda de su curación porque no comprenden el sentido de su enfermedad, dudan de su propia capacidad para cambiar y esperan que cambien los demás, porque ellos ya han sufrido demasiado o porque no creen estar rodeados de personas reconfortantes o incluso porque, como dice Esther T. ¡creen que su enfermedad es un castigo divino y no se autorizan a curarse para no quitarle prerrogativas a su Dios!

Hay ocasiones en que es mejor recurrir a la medicina alopática que esperar un milagro, cuando uno se siente momentáneamente incapaz de resolver sus problemas.

Este libro no es un recetario de curaciones. La curación de cada persona es una historia única (tú mismo ¿no te has curado nunca, naturalmente, de algún síntoma?), mientras que el funcionamiento del cerebro y de los órganos es universal. Me parece más sensato ofrecer materiales para la reflexión.

Los terapeutas que practican esta nueva disciplina se diferencian por su rapidez en encontrar la información-clave, así como por los medios empleados para encontrarla (intuición, cuestionarios, kinesiología, diagnóstico energético, etc.). La biología del cuerpo es una. Sólo hay una forma de curarse, que es encontrando la información correcta (es un trabajo detectivesco), pero existen numerosas puertas para acceder a la misma y conducir el cerebro hasta la curación. La homeopatía utiliza la puerta de la boca, con altas diluciones de plantas o de minerales, despertando la información de la angustia escondida; el magnetismo usa la puerta de los cuerpos energéticos, la acupuntura usa la puerta de los meridianos y los puntos; otros practicantes tradicionales emplean otras puertas o diversos niveles de funcionamiento del cerebro. La descodificación biológica, que utiliza la puerta del oído y el intercambio verbal, es la vía real más eficaz, a mi juicio, que hay en la actualidad, ya que permite la curación de enfermedades llamadas «graves». Diversas puertas pueden ser usadas complementariamente.

La salud, concepto humano, no es sino un estado asintomático, aunque inestable. Uno de los medios de no alejarse demasiado cuando el destino y su reloj hacen de las suyas es contemplar la enfermedad como lo que es, un sistema de supervivencia que invita a evolucionar.

«Como el espíritu tiene gran ascendencia sobre el cuerpo,
y de él proceden, muy a menudo, las enfermedades,
mi costumbre es correr a curar espíritus
antes de ir al cuerpo».

CLITANDRO, acto III,
escena 6 de *l'Amour médecin*, de Molière

Cuentos

Clorie, la zorrita

El invierno había sido duro.
Clorie, una zorrita hambrienta,
encontró una oveja muerta en la nieve.

Pero los lobos se acercaban.
Y mordió un hueso, un trozo de piel
un poco de lana, arrancados
y engullidos penosamente antes de la huida.

En su vientre, un bocado atravesado,
tan grande y tan pesado
que su estómago pidió ayuda.
¡Un conciliábulo,
y el estómago desarrolló un tumor!
Gracias a un ácido superior,
huesos, piel y lana fueron digeridos sin tardanza.

Entonces el estómago descansó
y sus amigos invitados, los bacilos,
hicieron gachas con su ya inútil tumor.

Éste desapareció en
el camino de una matinal evacuación.

Clorie se porta bien, ha parido dos zorritos
a los que ha querido llamar *Alcide* y *Basile*.

Volterre, el perrito que quería volar

Un cachorrito llamado *Volterre* quería,
por encima de todo, correr tras las mariposas.
Un día, persiguiendo a una libélula,
un águila buscando presa
cayó sobre él y se lo llevó a su nido,
en la cima de una montaña.
Mamá águila, que había perdido a su pollito,
decidió dejar al perrito con vida
y alimentarlo.
Y el cachorrito siguió viviendo.
Sus papás adoptivos cuidaban de él,
pero el perrito se aburría allá arriba.
Se le metió en la cabeza volar
para acompañar a las demás águilas.
Observando cómo lo hacían,
intentó hacer lo mismo, con todo su empeño.
Desde lo más alto de la montaña,
se lanzaba al aire pero, invariablemente,
se estrellaba.
Cuando salía el sol, empezaba a intentarlo, una y otra vez.
Volterre se obstinaba. Herido, a fuerza de caídas,
triste por no ser como las otras águilas,
lloraba al borde de las rocas, de vergüenza, de rabia
y de impotencia.
Una mañana, sintió hormigueo en los cuartos traseros.
Unos días más tarde, las patas no le obedecían.

¡Estaba paralítico!

Así, clavado en su roca, se vio obligado a permanecer en su nido.

La impotencia dio a *Volterre* seguridad,

encontrando así la calma y la excusa perfecta para no saber volar.

Se quedó así, inmóvil, durante 3 lunas.

El águila devolvió al perrito a su pueblo.

Volterre recuperó a sus viejos amigos, que se contentaban

simplemente con correr, andar y saltar. Reconfortado y

atraído por sus juegos, olvidó sus ansias de volar

como las águilas y las mariposas.

Una mañana, sus patas se despertaron, se pusieron a temblar.

Unos días más tarde, *Volterre* podía correr,

saltar y hacer lo mismo que sus amiguitos.

Ocito

Ocito era uno de esos marinos

que no son del todo felices en el mar.

Una noche, mientras navegaba hacia África,

una tormenta hizo naufragar su navío.

Pudo salvar de las aguas a un bebé,

cuya madre murió ahogada, y subirse a un bote.

Pero como la única provisión era una garrafa de agua,

el bebé lloraba de hambre, desconsolado.

Ocito estaba muy estresado al no poder alimentar al bebé.

Al caer la noche, sintió que en su pecho crecía una bola.

¡Luego salieron gotas de los pezones!

Dando gracias a los dioses, amamantó al pequeño

que pudo sobrevivir.

Tres semanas más tarde, llegó a la costa

y confió el bebé a una ama de cría.

Antes de embarcar en un nuevo barco, sintió que

su pecho crecía de nuevo,

le dolía pero seguía siendo un hombre.

La nueva bola se endureció y se petrificó.
De este milagro, Ocito conservó un recuerdo
en forma de bola bajo un pectoral
que exhibía orgulloso en todos los puertos
a todos los que explicaba su historia,
porque vivió muchos años para contarlo.

Sureine, la ovejita descarriada

Érase una vez, en un rebaño grande,
una ovejita que el pastor llamó *Sureine.*
Una tarde, perseguida por un perro que quería jugar,
Sureine se encontró sola
en mitad de un bosque de abetos.
No se oía ni un solo cencerro
ni balidos de sus compañeras
y no supo qué camino tomar de regreso.
¡Imposible encontrar su rebaño!
Le invadió una fatiga enorme, hasta el punto de
que ya no podía andar.
Se acurrucó en unas rocas.
Durante toda la noche, los lobos
rondaron por el bosque.
A la mañana siguiente, con el sol bien alto,
escuchó un balido lejano que venía del norte.
Al fondo del valle se oía otro balido.
De repente, escuchó los ladridos
de *Gépéesse,* la perra, y de *Sextan,* el perro.
Parecía que una poción mágica recorriera sus riñones.
Sureine salió de su estupor.
Recuperó las fuerzas y pudo rencontrarse,
llena de vida, sana y salva, su rebaño perdido.
Sureine se portó bien y parió dos corderitos
que el pastor llamó *Corti* y *Tisol.*

El primero con la cuerda...

Cuatro alpinistas
formaban un equipo bien avenido.
Ascendían, por primera vez,
la cara sur de una montaña.

A medio camino,
se vieron bloqueados por una dificultad inesperada.
Bien escalaban un saliente de roca, con el riesgo de
despeñarse y morir en el intento, bien volvían sobre sus pasos.
Solamente había una alternativa en un estrecho paso.
Inmediatamente, el más flaco de los cuatro
se metió por la estrecha grieta y,
una vez subido sobre el saliente de roca,
hincó una pica y lanzó una cuerda
para que los otros tres, más gruesos, se reunieran con él.
Gracias a su esfuerzo,
salvó a sus compañeros de una muerte segura
y les permitió alcanzar la cima.

En un organismo también,
frente a un problema preciso,
un solo órgano puede aportar la solución
para el organismo entero.

El cuello del Tero

Una garganta permitía acceder al país vecino.
Una vez llegados a la garganta, el camino atravesaba
un magnífico circo natural, antes de llegar a la frontera.
La garganta y el circo atraían a gran número de visitantes
el camino que llevaba hacia la garganta, tras el valle,
era sinuoso y largo.

El gobierno del valle construyó una nueva carretera,
más rápida y menos sinuosa,
para acceder rápidamente al país vecino.
Esta nueva carretera permitía ganar tanto tiempo
que los pasajeros, de inmediato, la prefirieron a la antigua.
El circo, a pesar de su natural belleza, ya no interesaba a nadie,
y en él sólo quedó desolación y tristeza.
Su camino ya no era transitado, nadie lo cuidaba,
la hierba fue pasto de caballos y la lluvia, el hielo, los riachuelos
y el viento erosionaron la garganta que,
cada año, iba perdiendo altura.
Un día, un trozo de garganta se desprendió
y rodó por una pendiente hasta estrellarse sobre la nueva carretera.
Entonces saltaron todas las alarmas.
La nueva carretera era ya impracticable,
y quisieron rehabilitar la antigua.
Técnicos ingeniosos llegaron desde el cercano país Virus,
para arreglar la garganta, donde pusieron adoquines y protecciones.
Una sangría permitió que fluyeran de nuevo aguas escondidas,
la garganta fue reforestada con árboles magníficos,
se instalaron carteles orientativos,
miradores de observación, caravaneras y fuentes.
Los turistas volvieron prestos
y el circo se llenó nuevamente de visitantes.
Todo el mundo encontraba el lugar más hermoso que antes
y un poco menos salvaje.
El circo mismo tuvo el placer de acoger a un visitante
que se quedó nueve meses viviendo dentro.

Haba

Una habita enana soñaba con ser tan grande
como el bambú o las hayas
para que la luz la acariciara un poco más.

Pero los bambús se multiplicaron
hasta formar un tupido bosque.

La habita enana se quedó en las sombras
y murió en otoño.

Su último hijo germinó
y lanzó una liana
que consiguió engancharse de los bambús
para llegar hasta la luz del sol.

A partir de entonces, los jardineros plantaron las habas
cerca de sus tutores de bambú.

Formas de hablar

Decir:
«Se ha muerto de un cáncer»,
es lo mismo que decir:
«Se ha muerto de un pino».
Nadie se muere de un pino;
puede que uno se muera por conducir mal
y chocar contra un pino.

Perspectivas

Actualmente, numerosas corporaciones prosperan gracias a los conflictos de sus semejantes (los comerciantes de armas, las profesiones judiciales, los laboratorios farmacéuticos, las sectas religiosas, los bancos y los usureros, etc.) y los conflictos son discretamente mantenidos en lugar de ser erradicados.

El desarrollo de las «terapias causales» cuya descodificación (o desencriptado biológico) se ha convertido en punta de lanza va en busca de los conflictos propios de nuestra civilización. Gracias a la comprensión del papel compensador de las enfermedades, los hombres pueden acceder a un mejor conocimiento de ellos mismos, de su funcionamiento cerebral y neurovegetativo y las relaciones interindividuales se verán notablemente mejoradas. Nuestra civilización podrá salir por fin de su larga crisis adolescente.

Por todo el mundo, más o menos, los investigadores trabajan en proyectos diversos, descubriendo y aportando a la comunidad científica, médica, elementos que permitan explicar con mayor precisión los detalles biológicos de los intercambios entre psique y soma. La descodificación biológica se enriquece. La sed de conocimiento humano nos lleva a encontrar, poco a poco, las claves de comprensión del «fenómeno enfermedad» y si, por el momento, sólo los espíritus libres sacan lecciones y se abren a nuevas prácticas, estoy convencido de que un día la verdad resultará evidente para la gran mayoría. Es cuestión de tiempo y de curaciones.

Otra cultura médica

En algunos años, antes de que se le ocurra consultar, el individuo tendrá ya una visión sana de lo que representan sus síntomas, porque las leyes biológicas, el sentido de la enfermedad y las correlaciones entre emociones y dolencias se le habrán enseñado en la escuela primaria. Ante el anuncio de un cáncer, no desarrollará conflicto alguno y no agravará su estado. Estará listo para escuchar, para consultar sin obstáculos mentales.

Los médicos y los terapeutas guiarán a los enfermos hacia su punto de equilibrio para la curación, los hospitales estarán para dirigir curaciones naturales del cuerpo, cuando los problemas sean peligrosos. Habrá menos ablaciones de órganos, menos tratamientos químicos (la eficacia de un medicamento sobre un tumor no implica la curación del enfermo), menos desconcierto, más calor humano para conseguir verdaderas curaciones duraderas. El estamento médico adoptará medidas congruentes con el proceso bifásico de las enfermedades y se salvarán vidas que hoy en día están desahuciadas. Más que poner todas nuestras esperanzas de curación en el descubrimiento de remedios, es la fuente original, es decir, la emoción escondida, lo que focalizará la atención del médico.

Los terapeutas ya han integrado este nuevo tipo de ayuda, arrojando luz sobre los árboles genealógicos y sus misterios, sobre las relaciones entre individuos y las curaciones. Cada vez más personas descubren las leyes biológicas, la metafísica de las enfermedades, y evolucionan gracias a libros, cursillos, consultas y curaciones.

¿Hay que concluir que las enfermedades desaparecerán un día?

Una enfermedad permite vivir en un entorno dado cuando una necesidad esencial (de contacto, de sexo, de identidad, dinero o mil cosas más) no se puede satisfacer. La enfermedad es, pues, y seguirá siendo útil. Aunque, gracias a la evolución hacia una mayor madurez y lucidez, la gente vea la enfermedad como algo raro, siempre tendrá necesidad de ella. Es la que puede impedir la muerte cuando la vida nos sorprende con una zancadilla. ¿Es posible erradicar lo inesperado en un planeta que está en permanente evolución? No, pero sabremos deshacernos más fácilmente de los conflictos.

Estar enfermo permite sobrevivir, estando en conflicto, y sobrevivir siendo aún útil a los demás, al linaje, a la sociedad, de una u otra forma. La duración y la gravedad de las enfermedades que no se puedan evitar disminuirán mucho. Las intervenciones en los órganos seguirán siendo útiles, pero no serán tan frecuentes.

La nueva vía terapéutica generará ahorro en el tema sanitario. Los costosos tratamientos «contra la enfermedad» serán raros. Gracias a este ahorro en enfermedad, en sufrimiento, en tiempo y en medicamentos sofisticados, los seguros médicos serán mucho más económicos de lo que son en la actualidad y proporcionarán mayores coberturas (psicoterapia, ortodoncia, gafas, técnicas láser, cirugía estética).

Cada civilización, cada pueblo, posee tesoros en forma de conocimientos que fueron ignorados por los colonizadores, más ávidos de materias primas que de sabidurías ancestrales. Los indígenas abandonaron sus excelentes prácticas profilácticas y terapéuticas para adoptar las prácticas y creencias de los colonizadores. Así, los remedios malvados de una cultura occidental desorientada inundaron otras culturas inyectándoles valores y creencias irresponsabilizadores y desestructurantes. La medicina tradicional china, por ejemplo, está a punto de desaparecer bajo los *lobbies* occidentales. La homeopatía, aunque cada día con más adeptos, es el objetivo de las farmacéuticas que intentan eliminar una competencia peligrosa.

La consulta a biogenealogistas, biopsicogenealogistas, terapeutas en descodificación biológica, tanto si son médicos como si no, será una práctica más extendida que la consulta a una vidente o a un médico actual.

La evolución de la pareja y de la familia

Descubrir, antes del matrimonio, las exhortaciones secretas de los ancestros, sus problemas sin resolver conducirá probablemente a mejores relaciones de pareja. El amor, como la amistad, se construye sobre un deseo común de lo mejor para trascender. ¿Cómo vamos a trascender si muchos de nuestros funcionamientos nos resultan desconocidos?

Para las parejas que observan con estupor cómo su relación cambia de naturaleza demasiado pronto, con pérdida de deseo, por ejemplo, las perspectivas de salvación y evolución pueden parecer inexistentes, pero se hacen reales en el momento en que la motivación inconsciente que les hizo unirse les es revelada.

Los que conocen los placeres de la felicidad tienen el deseo de lograr una descendencia sana y feliz. Poner los asuntos materiales en orden antes de morir está muy bien, pero resolver los conflictos, tener mayor conocimiento del propio árbol, escribir la vida íntima, explicar lo que se sabe para que lo sepan los descendientes es mejor aún. Hablar el lenguaje de la verdad con los hijos, decirles lo que realmente se sintió en el momento de su concepción es darles fuerza, salud y alegría. Permitir que sean conscientes de la historia de sus padres, informar a hijos y nietos es evitarles dificultades. Educar a los niños en el ejemplo ¿no es más sensato que decirles lo que deben o no deben hacer?

Una creencia subyacente, común, se extenderá

Medicina, justicia, religión se construyen sobre creencias comunes, derivadas de la vieja concepción persa del diablo, sobre la idea del Bien y del Mal. Esta creencia ha llevado a los hombres a practicar la exclusión.

- Los jefes de las sectas religiosas afirmaban que había que extirpar del espíritu y del corazón de la gente al Maligno, Satán, con sus instintos, sus pulsiones biológicas y naturales en expansión.
- Los médicos también creyeron que el organismo enfermo podía ser corrompido por el Maligno e insistieron en arrancar, por la fuerza, células malignas y funcionamientos anormales para impedir que corrompieran el resto del cuerpo.
- Legisladores y jueces creyeron también que los comportamientos anormales de ciertos miembros de la sociedad eran diabólicos e insensatos, así que los aislaron o mataron para que no perturbaran al resto de la sociedad.

Hace mucho tiempo, la Iglesia de Roma disputaba el poder político a los reyes. Se infiltró, influyó en ministros y se asoció con monarcas. Sus dogmas, medios para imponer un orden social estable, también influyeron en el pueblo. El anormal, el marginal, el atípico, el que alterase el dulce ronroneo de la vida cotidiana era encarnación del Maligno. Eliminarlo era un «deber».

La idea de extirpar un órgano canceroso o de suprimir un síntoma indeseable mediante sustancias tóxicas, aislar hipócritamente a algunas personas en instituciones psiquiátricas, en lugar de buscar el origen de los problemas y respetar el fruto, procede de esta filosofía que enseña a la gente a deshacerse de cualquier cosa que provoque un desorden: las escuelas de medicina fueron durante mucho tiempo de obediencia religiosa, lo cual lo explica todo.

En lo referente a la práctica de la justicia, la exclusión del individuo asocial, su reclusión o su ejecución fueron la única respuesta que los hombre privilegiados, obnubilados por la visión del presente inmediato, supieron encontrar.

Mañana, abandonando esta creencia, según la cual el hombre se verá confrontado a escoger entre lo bueno y lo malo, medicina, justicia y religión evolucionarán conjuntamente hacia la luz. Porque la vida es una, es lo que debe ser, sin bien y sin mal, sólo con oposiciones que la mantienen en equilibrio, a imagen de la homeostasis corporal. ¿Acaso una fuerza centrífuga es maligna y una fuerza centrípeta es benigna? El yang-yin y el yin-yang son opuestos complementarios y ninguno es bueno ni malo.

Desencarcelar la sociedad

El número de hospitales psiquiátricos y de prisiones, sus índices de ocupación son reveladores del nivel de madurez de una civilización. A finales del segundo milenio, esos establecimientos estaban a reventar. Al encargar a los bioquímicos que encontraran soluciones medicamentosas a los comportamientos anormales, aislando enfermos mentales, la psiquiatría –a falta de mejores ideas– instituyó una forma sutil de exclusión. Decirle a alguien que sufre «tómate esta pastilla» ¿no es desentenderse de su dolor? La medicamentalización (que puede ser puntualmente útil si vale para una terapia) pone barreras para contener la erupción de crisis, sin erradicar su causa. El descubrimiento de las constelaciones de focos cerebrales permite curar cierto número de problemas de comportamiento y de contemplar la curación de todos los demás, en pocos años. La suerte de los recluidos en cárceles u hospitales psiquiátricos podría cambiar.

La delincuencia, como la enfermedad, también tiene un sentido: existe en las sociedades más conflictivas como un modo de supervivencia para los individuos privados de afecto, de amor, de dirección. Los actos delictivos, por muy graves y rechazables que sean, expresan la historia escondida del linaje próximo, exhuman conflictos ancestrales y las ilusiones que los nutrieron. El ser violento no sería violento sin el programa que lo guía para serlo. El ladrón no es ladrón si no tiene ladrones en su árbol. Condenados por el derecho común, terroristas, fanáticos o internos en psiquiátricos, todos están diseñados por sus respectivos árboles genealógicos para tener el comportamiento que tienen. Para algunos, son los eslabones que se sacrifican por su linaje.

Las personas que ayudan a los expresidiarios a integrarse en la sociedad saben que pocas reinserciones tienen éxito. Una terapéutica de desprogramación sistemática permitiría encarar las reinserciones con más posibilidades de éxito y, quizás, acabaría con las cárceles. ¿Hay alguna prueba mayor de fracaso para una sociedad que la existencia de cárceles? La salud social gracias al encarcelamiento fue una utopía cínica del republicano siglo XIX, como si encerrar a un ser humano entre cuatro paredes le ayudará a contactar con su memoria celular y hacerlo mejor persona. Se gasta más dinero en la gestión de prisiones que en emplear psicoterapeutas... Una pregunta: ¿los animales se meten en la cárcel?

Desde hace tiempo, cualquiera puede denunciar a su cirujano cuando no obtiene el resultado deseado, al fabricante de sus cigarrillos si desarrolla una enfermedad respiratoria, a la cadena de *fast-food* cuando alguien acaba siendo obeso. Lo que está claro es que mientras la gente culpe de sus responsabilidades a otro, se impide curarse. Ninguna víctima es víctima al 100 por 100.

Una sociedad adulta no puede nacer sin seres conscientes de la responsabilidad de su linaje en lo que le pase, conscientes de que pueden hacer valer su libre albedrío. Nuestra sociedad actual condena violentamente a la marioneta, pero no a la historia ancestral que mueve los hilos. Una auténtica justicia no puede apoyarse sino en una deontología que tenga en cuenta la corresponsabilidad (que es también una co-irresponsabilidad). El hombre carece de lucidez para juzgar a sus semejantes.

Más amor y más confianza

¿Cómo no amar al mundo, al prójimo, cuando toda la lógica de su comportamiento se pone de manifiesto? ¿Cómo no amar al vecino, al abuelo, sabiendo que, tal o cual conflicto biológico ancestral, justifica su comportamiento de manera que podemos comprenderlo? No podemos vivir en eterno conflicto con nuestros semejantes sabiendo el impacto que una sola emoción puede tener sobre nuestro organismo.

La costumbre de nuestra sociedad consistente en, en caso de desastre, buscar un culpable vivo, visible, palpable, a quien cargarle el muerto se va a acabar. Los microbios, los virus, los ángeles de la guarda de las células serán finalmente disculpados. Y el hombre perderá así la ocasión de desvalorizarse, de ponerse en posición de víctima ante una supuesta violencia microbiana. Rehabilitar los microbios es revalorizar la parte microscópica de uno mismo, por lo tanto, es revalorizarse y responsabilizarse. Hacia el año 2000, miles de vacas perfectamente sanas fueron sacrificadas e incineradas porque llevaban un prión e, incluso hoy día, muchos hombres y mujeres son etiquetados, marginados, aislados y condenados porque un nefasto dogma atribuye al virus VIH una responsabilidad total. El microbio es, en realidad, inofensivo, si no hay conflicto biológico. Pero para resolver un conflicto biológico no se necesitan laboratorios, fábricas ni redes comerciales. *That is the question.*

> *El miedo a un virus puede hacer*
> *más daño que el virus mismo.*
> *El miedo a una enfermedad hace que ésta aparezca.*

Nuestros responsables políticos serán más conscientes de la importancia de sus decisiones gracias al conocimiento de las dos primeras leyes biológicas, la de la emoción desencadenadora de enfermedades frías y la de resolución de conflictos, desencadenadora de enfermedades calientes y reparadoras. El miedo vivido por una generación se trasmuta en enfermedades en la generación siguiente... Por eso todas las campañas alarmistas «anti» de los países desarrollados son generadoras de enfermedades.

El conocimiento del fenómeno de trasmisión trasgeneracional confiere a los humanos capacidad de actuación sobre la suerte de sus descendientes, despierta al hombre de negocios, el político tendrá una conciencia global intemporal, sabe que el espacio y el tiempo son reiterativos y que eso de «el muerto al hoyo y el vivo al bollo» es un comportamiento filodestructor y, por lo tanto, autodestructor.

La ideología política siempre está al borde del precipicio... Espera impulsos nuevos, una nueva energía que no sea ni de derechas ni de izquierdas. El miedo irracional nos ha sido legado a todos (hasta el más fuerte de nosotros ¿no ha tenido alguna vez momentos de superstición?) y su desaparición nos curará de fantasmas colectivos. Ningún proyecto social puede elaborarse hoy en día mientras se sigan manteniendo estas ideas insensatas (el microbio es malo, el delincuente y la célula cancerígena son aberraciones, la naturaleza está loca, el Maligno tienta al hombre, etc.) por sectas, *lobbies* y políticos. ¿Puede el ser humano ver armonía en el mundo si tiene vidrios deformadores ante sus ojos?

El espíritu de competición es amparado por muchas culturas y países. La publicidad, las películas, los ojos televisivos, los que están en un estadio deportivo, las promociones profesionales se articulan alrededor de una ecuación loca que consiste en eliminar al prójimo.

Si bien la competición puede tener aspectos positivos, compararse con el otro, ser más fuerte, preocuparse del juicio de los demás son ideas devastadoras. Parecer se ha convertido más importante que ser, que ser en la unidad, en el amor. Enfermedades óseas, leucemias y otras son el precio a pagar por las sociedades que se dejan seducir por las sirenas del egocentrismo y la comparación. La separación es una ilusión mórbida.

Guerrear con amor

Si el principio de la guerra es natural y biológico, porque los seres vivos invierten mucha energía en la defensa del territorio o para conquistar otros nuevos y, como dice Paulo Coelho, «una espada que no sirve es una espada que se oxida», la práctica de la guerra entre humanos debería inspirarse en los combates entre animales de la misma especie. Raras son las especies que llegan a matarse en un combate. El hombre, curiosamente, ha olvidado (¿desde que hay comerciantes de armas?) que puede hacer la guerra a sus semejantes sin que haya muerte ni sangre ni sufrimiento en el proceso.

El lobo vencido ofrece su carótida y el vencedor gira la cabeza...

Cruzadas genocidas, legitimadas por la creencia en el Bien y el Mal, demuestran que el hombre ha olvidado el sentido biológico del combate. El ciervo que lucha con el ciervo joven para que ni siquiera sueñe en convertirse en el nuevo jefe no lo mata ni siquiera tras horas de lucha. Los animales, salvo el hombre, con sus rituales de guerra, saben qué es hacer la guerra con amor, conforme a los arquetipos del combate solidario, escuela de estimulación para la supervivencia.

De todas formas, siempre es lo blando lo que somete a lo duro. Los dientes del rastrillo del labrador se desgastan a fuerza de hacer surcos en la tierra, mucho más blanda que el acero. No es el pueblo más armado, más blindado, más agresivo, no es la filosofía más rígida ni la más totalitaria la que acaba triunfando, sino que triunfa la flexibilidad humana, su movilidad, su capacidad de adaptación y, en resumen, su capacidad de amar. La sensibilización a los funcionamientos biológicos permite una mutación en el corazón de los hombres. Todos queremos, sin excepción, mañanas alegres, una vida feliz y plena. Vayamos a la fuente de los conflictos antes de formar batallones.

¿Qué interés hay en planificar perspectivas de guerra? La guerra empieza con el segundo disparo de un fusil, dice el sabio. Y el vencedor es que el supera el espíritu de discordia.

Los individuos son al universo lo que las células son al individuo. Cuando la gente mata a otra gente, el mundo entra en depresión… La ilusión de separación les impide verse unidos al servicio de la especie humana, al servicio del gran Todo cósmico. En el seno de un ser vivo, todas las células son útiles, ninguna es más importante que otra. En el seno del organismo «Tierra-Universo» ninguna persona es más importante que otra.

«Lo que le haces al prójimo es lo que te haces a ti mismo». Una antena de radio ¿no repara su propia emisión? La evolución de algunos hombres, la tomas de conciencia allá donde es necesario, en la historia de los pueblos, permiten que se instale la paz. Los actos metafóricos colectivos, hechos a conciencia son creadores de paz. Los hombres sabrán un día, como sus primos animales, hacer la guerra sin matar y sin destruir la naturaleza.

Agenda

La mirada con que nos vemos a nosotros mismos cada mañana ante el espejo nos enseña que nos parecemos mucho a los que éramos la noche antes. Nuestra cara, nuestro cuerpo se parecen bastante a lo que eran hace un año. Sin embargo, al cabo de un año la mayoría de nuestras células no son las mismas porque se han renovado. Solemos olvidarnos de esta renovación celular en ausencia de plagas y enfermedades. Y como la olvidamos, nos subestimamos en nuestra capacidad para la autocuración. ¿No podríamos echar un vistazo de vez en cuando a esta discreta pero eficaz renovación?

La enfermedad es una cita entre el hombre normal, con buena salud, y su lado de superman. Gracias a la enfermedad, podemos conocer los planes escritos en nuestros genes. Se descubre entonces un abanico de posibilidades de adaptación. Gracias a la enfermedad, accedemos a las vivencias de nuestros ancestros, los cercanos y los lejanos. Sin ese momento privilegiado en que los genes expresan otra cosa distinta a lo que expresan habitualmente no habría conciencia del linaje, de lo vivido, estaríamos aislados.

El dolor físico acompaña, automáticamente, numerosas reparaciones del organismo porque, en las fases de consolidación, de cicatrización, el movimiento, la agitación, son peligrosos. Sólo el dolor puede, verdaderamente, obligar a un ser vivo a estarse quieto. El dolor anuncia la curación, aunque también señala los límites fisiológicos que pueden esperarse. Nos enseña humildad, nos fuerza al reposo, nos acerca a las especies vegetativas. Evita los peligrosos movimientos a los que empuja la ambición sin medida, la inconciencia fatal. Nos recuerda que aún tenemos conflictos por resolver. Es una cita preciosa con las exigencias de la fisiobiología y la admirable perfección de la naturaleza, que inventó el edema para socorrer partes traumatizadas.

La enfermedad fría se encuentra con la caliente que la hace desaparecer, como cuando se encuentran el yin y el yang o la luz con las tinieblas, como el ácido cuando se encuentra con el alcalino, creando condiciones sin las cuales la vida no podría prolongarse.

La infección es un encuentro privilegiado con el silencioso mundo de los 10^{14} microbios que forman parte de nosotros. Lucrativas cruzadas antimicrobianas han remplazado las medievales cruzadas antiheréticas: en otro tiempo, los cruzados se mataban por enrolarse en combate contra los impíos y, hoy, los seropositivos mueren en la cama creyendo en la malignidad de los infiltrados en sus defensas maltrechas. Los microbios rehabilitados nos enseñan que somos muy pequeños ante ellos que, siendo infinitamente más pequeños que nosotros, nos permiten crecer y hacernos fuertes. Toda ilusión tiene, en un momento u otro, un encuentro con la realidad.

Hoy día parece que la información tiene una vida muy larga. La capacidad de la información para ser memorizada y ser trasmitida, sea cual sea el soporte físico de dicha memorización, garantiza la existencia de un «después» de la muerte. La programación trasgeneracional demuestra la persistencia de este impalpable conjunto de informaciones que caracteriza al individuo (y sus relaciones con el entorno) dado que la encontramos en los descendientes. Los muertos se relacionan de algún modo con los vivos.

La Tierra gira alrededor del Sol

Desde la noche de los tiempos, los organismos vivos acumulan artimañas en los genes y los legan a las generaciones siguientes. El ADN es el elixir de la vida. La evolución no ha terminado, todos somos mutantes. Toda instalación eléctrica necesita fusibles que la protejan de la destrucción, del fuego. Las enfermedades frías son nuestros fusibles.

Sin embargo, la idea de encontrar procedimientos para modificar los cromosomas ha seducido a los laboratorios en busca de nuevos productos. La nanomedicina alopática en preparación (nano-sondas, dendrímeros, nano-diagnósticos, nano-terapeutas, puntos cuánticos destructores de células cancerosas, glóbulos blancos artificiales, etc.), maestros de obra del genio humano, presentarán un ligero progreso en relación a las prácticas alopáticas actuales, pero al final conducirán a resultados poco diferentes a los que obtenemos ahora. Salvo alguna prótesis muy útiles, auditivas, oculares (retinas artificiales, por ejemplo) u otras, esta medicina será siempre un remedio «contra», que no erradica las causas de la enfermedad y que intenta curar a pesar del árbol, precariamente, volviendo a la gente dependiente de medicación reiterada y costosa.

Haciendo desaparecer el síntoma, el hombre desaprovecha la ocasión de modificar aquello que no va bien en su vida, el cortafuegos que es un síntoma se remplaza por la angustia de seguir enfermo. Si el ser humano llega, un día, a estar robotizado por dentro, genéticamente modificado, manipulado, estandarizado ¿cómo gestionará su estrés, cómo hará para saber que está en un error y cuándo lo está?

Invito a los gobernantes a investigar sobre la base de otras creencias, abandonado esa fe en la «medicina a la contra», a descubrir el sentido de las enfermedades, nuevos caminos terapéuticos asequibles para todo el mundo, desde Burundi hasta el desierto de México, sin píldoras costosas ni pesadas infraestructuras.

Mi objetivo ha sido mostrar que se puede mirar a la enfermedad y al destino con otros ojos. Con una mirada salvadora, que cure. La enfermedad es al ser vivo lo que el trapecio al trapecista. Desde el nacimiento hasta la muerte, en el trapecio de la vida ¿saltarías sin red?

Gracias a mis profesores, esos pioneros, por sus enseñanzas que fueron, y siguen siendo, fuente de alegría. Un agradecimiento particular a Pierre Julien, por su rigor terapéutico, sus consejos y sus ánimos.

Gracias a las personas que me han confiado sus historias, no podría haber escrito este libro sin lo que me han enseñado.

Bibliografía

Gérard Athias, *Les racines de la maladie*, T.1 y T.2, Pictorus, Francia.

Boris Cyrulnik, *Les vilans petits canards*, Odile Jacob.

Christian Flèche, *El cuerpo como herramienta de curación*, Obelisco, Barcelona, 2013.

Marc Fréchet, «Proportions subjectives aprioristes objectivantes», Tesis doctoral, París, 1993-1994, no editada.

Didier Grandgeorges, *Homéophathie, chemin de vie*, Edicom, Francia.

Georges Groddeck, *Le livre du ça*, Gallimard.

Robert Guinee, *Les maladies, mémoire de l'évolution*, Satas, www.satas.be

Geerd Hamer, *Fondements pour une médecine nouvelle*, Asac, Chambery, Francia.

Elisabeth Horowitz, *Se libérer du destin familial*, Dervy, Francia.

Arthur Janov, *Empreinte*, Robert Laffont, Francia.

—, *La biologie de l'amour*, France Loisirs.

Henri Laborit, *Inhibition de l'action*, Masson.

Giorgio Mambretti, *La medicina patas arriba*, Obelisco, Barcelona, 2002.

Pierre Jean Thomas Lamotte, *Écouter et comprendre la maladie*, Téqui, Francia.

—, *Guérir avec Thérèse*, Téqui, Francia.

Ernest Lawrence Rossi, *Psychobiologie de la guérison*, Éd Le Souffle d'Or, Francia.

Bernard Vial y Biondetta Mandrant, *La médecine affective au jardin*, Similia, Francia.

Índice

Prefacio   7
Un mundo casi perfecto   9
Enfermedades y destinos a reinventar   17

Primera parte. La enfermedad   23
La aparición del principio de la enfermedad   25
El único desencadenante de la enfermedad   33
Idénticos automatismos en los reinos vegetal y animal   51
Detener la enfermedad y volver a la salud   57
Las enfermedades son nuestros «comodines»   69
El cáncer elucidado   83
Los amigos microbios   91

Segunda parte. El destino   99
Los caprichos del destino 101
El destino de los niños es garantía de supervivencia para la especie 111
Las programaciones 119
La programación trasgeneracional 123
La proyección parental desconocida 129
¿Dónde, cuándo, cómo? 137

Tercera parte. Imagina 147
Un vía terapéutica 149

Cuentos 159
Perspectivas 167

Bibliografía. 183

Roland Arnold
El simbolismo
de las
enfermedades

EDICIONES OBELISCO

Todas esas enfermedades que habitualmente nos afectan, y a las que a veces no prestamos demasiada atención, representan señales de alerta, mensajes que envía nuestro cuerpo que intenta expresar una disfunción interna, ya sea física o mental y que en muchas ocasiones son una manifestación de emociones reprimidas y que piden salir a la luz.

En la presente lectura simbólica de las enfermedades el lector hallará una aproximación verdaderamente nueva del sentido de las indisposiciones y de las dolencias.

ROLAND ARNOLD ha practicado el yoga y la osteopatía, la naturopatía y la fisioterapia, escuchando tanto el cuerpo como los movimientos del alma para, finalmente, dedicarse de modo completo e íntegro a la terapia de la persona.

Sus estudios y su trabajo diario le han llevado a la búsqueda del simbolismo en el hombre. A lo largo del camino la búsqueda de este terapeuta ha recibido el estímulo del gusto y del amor por lo divino, y de esta manera ha entroncado con el camino del cristianismo interior y experimental. En sus consultas y seminarios, trasmite el mensaje del lenguaje secreto del cuerpo humano, e inicia a las personas que conoce en los misterios de la carne potencialmente divina.

En 1999 Arnold fue galardonado con el premio Philosophie et Tradition-Pélican d'Or, por su anterior libro, *Le Temple de l'Âme (El templo del alma)*.

A menudo, la enfermedad es considerada como una desgracia, una calamidad fruto del azar, contra la que luchamos con medicinas, manipulaciones y amputaciones. Christian Flèche da un giro radical a esta visión y propone un acercamiento diferente a la enfermedad considerándola una reacción biológica de supervivencia frente a un acontecimiento emocionalmente incontrolable, dado que cualquier enfermedad, cualquier órgano dañado corresponde a un sentimiento muy preciso. Por lo tanto, se puede percibir la enfermedad como elemento de curación, al igual que el bronceado de la piel por la exposición al sol no es una enfermedad sino una solución de adaptación. Gracias a este libro, puedes descubrir el acontecimiento original, desencadenante y generador del síntoma y, así, al conocer su causa, podrás tratar cualquier dolencia más eficazmente.

El autor nos ofrece una lectura clarificadora y sorprendente sobre la embriología y las relaciones que unen los órganos, el cerebro y el psiquismo, además de exponer numerosos casos reales para apoyar su tesis. La «enfermedad» aparece como una reacción sana del cuerpo, un cuerpo al que hay que acompañar y escuchar dado que habla al enfermo de sí mismo: un auténtico regreso liberador, una perspectiva llena de posibilidades para la curación y el conocimiento de uno mismo.

«La enfermedad es el esfuerzo que la naturaleza realiza para curar el cuerpo».
C. G. Jung